HongBaiXiShi

ZhuchiciJiDianxingZhici

红白喜事

主持辞及典型致辞

李 佳 黄亚男◎编著

中国物资出版社

图书在版编目（CIP）数据

红白喜事主持辞及典型致辞／李佳，黄亚男编著．—北京：中国物资出版社，2009.8（2016.5 重印）

ISBN 978－7－5047－3074－9

Ⅰ．红…　Ⅱ．①李…②黄　Ⅲ．主持人—语言艺术　Ⅳ．H119

中国版本图书馆 CIP 数据核字（2009）第 052674 号

策划编辑　王秋萍
责任编辑　李　玲
责任印制　方朋远
责任校对　孙会香　杨小静

中国物资出版社出版发行
网址：http：//www.clph.cn
社址：北京市西城区月坛北街 25 号
电话：（010）68589540　邮政编码：100834
全国新华书店经销
北京京都六环印刷厂印刷

开本：710mm×1000mm　1/16　印张：17.75　字数：286 千字
2009 年 8 月第 1 版　2016 年 5 月第 8 次印刷
书号：ISBN 978－7－5047－3074－9/H·0088
印数：35001—37000 册
定价：32.00 元

前言
Preface

尊敬的各位读者，亲爱的朋友们：

大家好!

有缘千里来相会，无缘对面不相识。

外面风和日丽，室内翰墨飘香。这样美好的日子因你我的相逢而变得更加有意义。首先，请允许我做个自我介绍，我叫《红白喜事主持辞及典型致辞》。中国人把结婚、生子、生日、节日、开业、乔迁……叫做红喜事，把人去世叫做白喜事。红喜事和白喜事合起来叫红白喜事，这就是我的名字的由来。

今天有缘和你相识，我感到十分荣幸。我代表千万的同胞兄弟姐妹对你的到来表示热烈的欢迎并致以亲切的问候!

酒饮逢知己，琴弹与知音。为了庆祝我们的相逢和相知，我们在字里行间安排了精彩的节目，邀你共赏。

现在，我宣布，“贺相逢迎读者”文艺演出现在开始!

洞房花烛夜，金榜题名时。人生最美好的日子恐怕非结婚莫属了，如此神圣的一个日子，如果没有一台精彩的主持辞相配，怎么能称得上经典呢?

下面就请欣赏第一章为你带来的婚礼主持辞及典型致辞。

把新人送入了洞房，接下来为你安排了盛大的宴会，在宴会上，不管你是主人还是客人，得体的主持辞不仅能活跃气氛，更能体现你儒雅的风度并为你的魅力加分，下面请欣赏第二章为你带来的宴会主持辞及典型致辞。

有一个日子，虽然你不能决定它，但是在每一年的这一天，亲朋好友都会向你表示祝贺。这是属于你的日子——生日。第三章将为你带来精美的“蛋糕”和可口的“小点心”——生日庆典主持辞及典型致辞。

独乐乐，不如众乐乐。有乐大家分享，才能让世界变成快乐的海洋。每个节日都是大家快乐的理由，人逢喜事精神爽，每逢佳节倍开心。请你欣赏第四章：节日乐翻天——节日庆典主持辞及典型致辞。

每个人都希望生如夏花般绚烂，但谁也不能违背生命的规律。当我们缅怀故去的人们时，才会更加珍惜生命；当我们为烈士祭扫墓碑的时候，心中的爱国之情油然而生。第五章将给你讲述一个个穿越生死、感人至深的故事——丧礼主持辞及典型致辞。

生意兴隆通四海，财源茂盛达三江。各种商务庆典活动同样少不了经典的主持。下面请看第六章给你带来的节目——商务庆典主持辞及典型致辞。

节目进行到这里已经接近尾声了，人生喜事实在太多，如果把今天的文艺演出比作一桌丰盛的宴席的话，那么，请你一定不要错过我们为你准备的最后一道“佳肴”——其他喜事庆典主持辞及典型致辞。

亲爱的读者，“贺相逢迎读者”文艺演出到此结束，但我们的友谊才刚刚开始，如果你希望看到更加精彩的节目，那么我愿常伴你左右。

一杯美酒，笑迎五湖四海宾客。

一本奇书，恭奉千秋万代读者。

再次感谢你的翻阅，祝各位读者办事处处顺，生活步步高，彩票期期中，好运天天交，打牌场场胜，胃口顿顿好，越活越年轻，越长越俊俏，家里出黄金，墙上长钞票！同时也祝我们的友谊天长地久。谢谢！

目录
Contents

第一章　婚礼主持辞及典型致辞

第二章　宴会主持辞及典型致辞

第三章　生日庆典主持辞及典型致辞

第四章　节日庆典主持辞及典型致辞

第六章　商务庆典主持辞及典型致辞

第七章　其他喜事庆典主持辞及典型致辞

第一章 婚礼

主持辞及典型致辞

婚礼主持辞及典型致辞主要指婚礼庆典上参加婚礼的各方面人士所致的辞。其主要内容是表达对新郎新娘的祝贺。主要有婚礼主持辞、主婚辞、证婚辞、婚礼致辞、祝辞、答谢辞。

婚礼一般由司仪主持，主持辞的内容大多根据婚礼进行的程序决定。婚礼主持辞根据具体情况的不同而各异，如在不同季节和节日里举行的婚礼，其主持辞就应该有鲜明的时间特色。

婚礼主婚辞的内容大多是对新郎新娘的训勉，主婚人一般由父母担任，如果父母已故，则由伯、叔、兄长等担任。

证婚人多由德高望重之人担任，内容多是赞美男女双方的家声、人品以及一些颂扬之词，同时对新人加以劝勉。证婚人在婚礼上对新人的结合予以"证明"，并向新人致以祝福和希望的发言。正是因为有了证婚人的"证明"，婚恋双方的结合才显得神圣而庄重。因此证婚人的希望与勉励对新人来说也是颇有分量的。

婚礼致辞多由与新郎或新娘关系比较亲密的同事或朋友担任，其内容往往比较活泼，主要起到活跃气氛的作用。内容主要是介绍自己与新郎、新娘的关系，对新人的婚礼表示祝贺，或称赞新郎、新娘的人品、能力、人缘等，介绍新人的生活趣事、恋爱故事等，并提出祝福与希望。

婚礼祝辞是指出席婚礼的领导、亲朋好友等对新郎和新娘的祝福。内容多为希望新人婚后生活幸福美满等。

婚礼答谢辞是新人或新人的父母对来参加婚礼的各位来宾表示感谢的致辞。

婚礼主持辞

春季婚礼主持辞

尊敬的各位亲友、各位嘉宾、女士们、先生们：

大家好！万里长征欣比翼，百年好合喜同心；风雨送春归，飞雪迎春到，在这春光明媚的季节，香车迎淑女，美酒宴嘉宾。在这激动人心的时刻，我们欢聚一堂，共同庆贺新郎 ×× 先生和新娘 ×× 小姐喜结良缘！

各位亲友能在百忙之中前来贺喜，我谨代表东道主 ×× 先生全家向各位表示热烈的欢迎和衷心的感谢！下面首先有请主婚人、证婚人、介绍人上台就座。接下来让我们欢迎新郎新娘步入神圣的婚礼圣堂！（奏婚礼进行曲）

看，一对新人手挽手肩并肩，慢步走入婚礼现场，让我们以热烈的掌声祝贺他们新婚快乐！看，新郎英俊潇洒，风度翩翩，精神抖擞，神采飞扬，贵人之相，仪表堂堂！看，新娘温柔典雅，举止端庄，犹如出水的芙蓉，好似华贵的牡丹，和尚见了想还俗，玉皇见了要下凡，真是郎才女貌结秦晋，珠联璧合喜成双。让我们再次以热烈的掌声表达我们对新人最美好的祝愿！

天南地北，寒来暑往，总忘不了父母的养育之恩，百忙千忙，梦里梦中，总抹不去儿时的憧憬，双亲的爱是融在成长田野里的一泓池水，是呈现在爱情面前的一方晴空。下面让我们用热烈的掌声请出一对新人的父母前台就座。

今天，我们有幸请到了 ××，有请证婚人入席，请介绍人入席，来宾代表入席。

天赐良缘，云端上月老含笑，花开并蒂，收获秋新人踏歌。燕尔新婚日，良辰美景时，在这激动人心的幸福时刻，有请二位新人在男女傧相的陪伴下双双入席。

此刻，似琉璃闪烁，彩云萦绕，还似蝶儿翩翩，山花烂漫。五彩的绚丽中洋溢着呵护的温情，浓妆锦绣里包含着天上人间。多少次花前月下，多少次相依相恋，终于，迎来了这如梦佳期、这最幸福的时刻。祝愿一对新人喜结盟、永相爱，壮怀鹏志共双飞！

请证婚人宣读结婚证书。

（略）

有人说：父亲是泰山，能够支撑一切，是父亲给了儿女深沉浑厚的父爱，撑起了家庭的一方晴朗的天空。×× 父亲几十年如一日，勤勤恳恳，任劳任怨，不管是晨光里，还是灯影下，都有老人家忙碌的身影。这就是一位父亲对家庭所付出的！正所谓一分耕耘，一分收获，如今，他老人家不仅在经济上收入可观，就连最小的儿子也已学业有成，事业上崭露头角，爱情喜获丰收，老人因为有这样的儿女而感到骄傲，儿女也因为拥有这样的父亲而自豪。下面，请这位伟大的父亲讲话。

（讲话略）

如果说父爱有如泰山，那么母爱就是大海。母亲是丝丝细雨，孩子就是雨后的彩虹；母亲是一弯新月，孩子就是捧月的星空。每当我想起烛光里的妈妈 ×× 的时候，心情就难以平静。母亲一生操劳，岁月在她脸颊上留下道道皱纹，多少春秋的雨，浇出她两鬓间丝丝的白发。母亲的爱是黄河、是长江、是浩瀚的海洋，是七彩的阳光，在这喜庆的时刻，请新人为父母献上一束鲜花。

新人给婆婆戴花，改口。

接下来，我代表新人向新亲表示感谢，请新亲代表讲话。

（讲话略）

有人说：天上人间都有一座美丽的鹊桥，就是牵线的红娘，下面，请介绍人讲话。

（讲话略）

爱情是既古老又年轻的话题，许多人已经拥有，更多的人正在追求，两位新人有着月上柳梢头、人约黄昏后的初恋心跳，也有着冷漠清秋伤别离的心心相印，融合了似水柔情，经历了提诗红叶、彩耀青鸾的浪漫温馨，终于迎来了欢联两姓、鸾结三生的幸福时刻，他们的幸福爱恋是任何美妙的爱情故事都无法比拟的。

新郎和新娘都是 ×× （谈二者的共性）的大学生，参加工作一年以来，得到了领导的赏识和同事的认可，可以说是前途无量！希望你们在事业上：百尺竿头不止步，盛名之下更追求。在生活上：相敬如宾，好好合合四季乐；钟情似海，恩恩爱爱百年长。

夫妻对拜。

有请男女傧相握手祝你们——

一块喜糖心中甜，一支喜烟幸福燃，一杯喜酒成祝福，一桌喜宴共欢颜。

主人备了丰盛的喜宴感谢今天参加婚礼的各位来宾，新人的喜宴现在开始，请全体起立，为新郎、新娘快乐的一天，幸福的一百年，干杯！最后，让我们衷心祝愿新郎新娘新婚甜蜜，家庭和美。

请各位嘉宾入席，酒宴开始。祝大家吃得舒心，喝得高兴，玩得开心！

夏季婚礼主持辞

各位来宾、各位朋友，女士们、先生们：

大家好！夏日炎炎，热情似火，良辰吉日，喜气洋洋。× 家大院张灯结彩，金碧辉煌。在这温暖阳光的普照下，在这欢歌笑语的气氛中，我们高兴地迎来了 ×× 先生和 ×× 小姐的新婚盛典。

首先请允许我代表新郎、新娘双方父母家人向各位来宾的光临表示衷心的感谢和热烈的欢迎！

我和这对新人是从小一起长大的好朋友。今天我能受双方家长的重托为他们喜结连理主持仪式，感到十分荣幸。在这充满欢乐的喜庆时刻，能和在座的各位相识，能见到老领导，也使我感到格外的亲切。为此，我衷心希望各位和我一起，用欢笑、用掌声祝福这对新人，把由我们大家为他们编织的人生最美好的瞬间永远留在他们的记忆里，成为他们生活中最珍贵、最温馨的回忆。

婚礼第一项：鸣炮奏乐。

天降祥瑞，地呈紫征。金童玉女，天作之合。

婚礼第二项：请新人父母入座、请证婚人致证婚辞，有请。

婚礼第三项：请新郎、新娘入场。

一拜天地。

二拜高堂。

夫妻对拜。

共拜来宾。

婚礼第四项：有请来宾代表致辞。(致辞略)

阳光普照，人心融融。新婚庆典，喜气盈盈。

大千世界芸芸众生，能够寻觅到一位终生相伴的知己，真是人生的一大喜事。

这对新人能够有今天，要感谢他们的父母，感谢介绍人的穿针引线，感谢各位亲朋好友，谢谢你们的关爱，感谢你们的光临!

……

新郎新娘此时心情一定格外激动。让我们再次祝愿他们的生活像蜜糖般甜蜜，爱情像钻石般永恒，事业像黄金般灿烂，最后让我们再次祝愿新郎和新娘，也请各位来宾分享这美好的时光。

婚礼第五项：入洞房。

闺中秀，楼阁藏，手拉手，喜洋洋，新郎抱着新娘入洞房，咱们大家吃喜糖。

秋季婚礼主持辞

女：尊敬的各位来宾，亲爱的朋友们——

男：女士们，先生们——

合：大家晚上好!

女：今夜，秋风徐徐，星光灿烂；

男：今夜，欢歌笑语，亲朋相聚；

女：今夜，喜气满庭，春情永驻；

男：今夜，鸾凤和鸣，秋色迷人。

合：今夜，我们怀着激动的心情相聚在 ×× 大酒店，共同庆祝 ×× 先生和 ×× 小姐喜结良缘。今夜，一对新人彼此敞开了心怀，接受全世界对他们的衷心祝福。

男：爱情纯洁花永好，情意真挚月常圆，就让这缠绵的诗句敲响幸福的钟声吧！

女：×× 先生、×× 小姐新婚大典现在开始。

合：让二位新人共同放飞 365 个日日夜夜，愿他们的每一天都充满浓情蜜意，吉祥如意。奏乐！鸣放礼炮！

男：朋友们，此刻，一个甜蜜、温馨、幸福的家庭伴随欣喜和欢乐诞生了，美好的生活将在吉祥如意中开始，让我们向二位新人表示热烈的祝贺！

女：在这嘉宾盈门、风月畅朗、海天同贺、月吉辰良的幸福时刻，有请证婚人、主婚人、介绍人、嘉宾代表入席。

男：男人和女人互相征服的唯一手段便是爱情，情之叶常常在无意中变绿，爱之果要在携手培育中绽出蓓蕾。最丰富、最博大、最崇高的爱，能够使恋人变成新郎和新娘，能够使新郎和新娘携手走上新婚的殿堂。在这心想事成、美梦成真的幸福时刻，有请二位新人在男女傧相的陪同下双双入场。

女：看此时，天地生辉，喜气洋洋，鸳鸯成对，彩蝶成双，欢声笑语，心潮荡漾，人们奔走相告，说 ×× 今天做了新郎，人们欢呼祝贺，说 ×× 今天做了新娘，这是一个天大的喜讯，这是一个最久远的辉煌，让我们热烈欢呼，让我们纵情歌唱，让我们共同祝愿这对新人天长地久，地久天长。下面有请证婚人宣读结婚证书。(略)

男：俗话说：儿行千里母担忧，是啊，自从有了呱呱坠地的小生命，母亲便倾注了全部的心血和无私的奉献，母亲的爱是世界上最伟大、最崇高的爱。

女：在这难忘的时刻，伟大的母亲，可敬的妈妈，请接受我们深深的敬意！新人向二老献花，新娘给婆婆戴花、改口。

男：父亲的爱是无私的，父亲是伟大的，父爱是人类最珍贵的情感，父亲用一双长满老茧的手，撑起了家庭的一片天空。

女：父亲把朴实无私的爱给了儿女，伟大的父亲，您永远是儿女心中的中流砥柱，生活的航标。借此机会，祝您心情愉快，万事如意！请父亲讲话！

男：二位新人的介绍人是 ×× 主任，是她让二位新人走到了一起。新郎新娘感谢你，请介绍人讲话。

女：彩笔喜绘红叶画，华堂欣涌爱情诗。当青春的步伐沿着人生的轨迹姗姗而来的时候，爱情的花蕾含苞待放。此刻，我们大家的共同心愿就是让今天的故事更加别致，更加精彩。夫妻对拜。

男：二位新人举行了这样的仪式以后，前进的脚步便踏入了爱情的黄金地带，爱的情感就像微风一样轻拂着一对恋人的心田。亲友们在这难忘又幸福的时刻准备了香甜的美酒，请二位新人交杯对饮。

女：这是爱的甜酒，这是爱的甘露，这是爱的结晶，这是爱的升华，这是心与心的诉说，这是情与爱的呼唤。

生活是美好的，需要你们用双手去创造；生活是甜蜜的，需要你们用真情去酿造。

男：正值二位新人喜结良缘的幸福时刻，他们的新居也宣告落成。这真是华堂喜气缭绕百事顺，新居阳光普照万代昌。一个温馨、幸福的家庭诞生了！

女：家是人一生幸福的真正源泉。美满的家，会让你有进取的热情，温馨的家会让你有健康的心情，安宁的家会让你精力充沛，良好的家会培养你高洁的品质。

男：二位新人，衷心祝福你们。愿你们既能够呼风唤雨，又能够点亮家的小灯；既能够拥有巨大的财富，又能够修好家的小舟；既能够赢得万众人心，又能够拥有彼此作为知心的伴侣。

女：今夜，有情人终成眷属。漫漫新婚宴，悠悠新人情。

男：朋友们，让我们把美好留在祥和的良宵。

女：结婚典礼到此结束。谢谢大家！

男：朋友们再见！

冬季婚礼主持辞

尊敬的各位嘉宾，各位亲友，女士们、先生们：

上午好！春天是温暖舒适的，是充满生机和希望的，因而博得了人们的赞美和青睐。虽然冬天寒冷，但冬天是春天的前奏。世间万物，正是有了冬天的孕育，才有了春的萌发和活力。

今天，有一对相爱的男女，以滚烫的热情燃起了冬天里的一把火！香车迎淑女，美酒宴嘉宾。在这激动人心的时刻！ ×× 先生 ×× 女士喜结良缘了！

受新人父母的委托，我今天有幸主持新人的喜宴。我代表新人，向光临喜宴的所有来宾，致以最热烈的欢迎和最诚挚的感谢！

下面首先有请主婚人、证婚人、介绍人……上台就座。

接下来让我们欢迎新郎新娘步入神圣的婚礼殿堂！（奏婚礼进行曲）

看，一对新人手挽手肩并肩，慢步走入婚礼现场，让我们大家以热烈的掌声祝贺他们新婚愉快！

接下来我给大伙介绍各位嘉宾。

（依次一一介绍嘉宾）

现在是公元 ×××× 年 × 月 × 日。在这良辰吉日，我宣布 ×× 先生和 ×× 小姐的新婚庆典正式开始！鸣炮，奏乐！

鞭炮阵阵，乐曲声声，×× 宾馆充满欢声笑语。婚礼进行第一项：宣读证书！下面有请证婚人宣读结婚证书！

水有源，树有根，结婚必须拜双亲，请一对新人面向主婚人！

一心抚育儿成长，儿女祝您福寿长，一鞠躬。

二十余载养育恩，儿女永远孝敬您，二鞠躬。

三十功名尘与土，富贵不忘父和母，三鞠躬。

×× 本是 × 家花，今天嫁到 × 家，以前见面叫大婶，今天改口要叫妈，下面就请新娘当着大家的面亲亲热热地管你的婆婆叫声妈！我听说声越大给钱越多。叫声妈还给妈戴上一朵小红花，孝顺的媳妇人人夸，叫妈的赏钱是一百零一元，什么含义呢？意思是说儿媳妇称心如意，是百里挑一的。

叫声妈还要叫声爸，改口的镜头要留下，下面请新娘大点儿声改口叫声爸，声越大红包越大，具体这里边是存折还是支票我不知道，回去你们自己查。

新郎管你的岳父岳母改口叫爸叫妈。

不辞辛苦两头忙，穿针引线做红娘，请面向证婚人行鞠躬礼！

一对新人入洞房，不让媒人靠南墙，一鞠躬。

二八佳人喜成亲，幸福永远不忘您，二鞠躬。

三寸之舌成大事，祝您能随凌云志，三鞠躬。

新娘送到任务完，喝过喜酒把家还，请面对送亲代表团行鞠躬礼！

一路风尘来送亲，夫妻双双拜谢谢，一鞠躬。

二位厨师酒烫温，给您接风又洗尘，二鞠躬。

三亲六故送新人，祝您平安回家门，三鞠躬。

女方亲友您作陪，到此潇洒走一回！

一堂欢聚来贺喜，新郎新娘拜谢您，一鞠躬。

二位新人祝愿您，年年月月走红运，二鞠躬。

三三两两回家转，祝您生活更美满，三鞠躬。

夫妻对拜！

一鞠躬，感情有，新郎握握新娘手。

二鞠躬，感情到，新郎把新娘抱一抱。

三鞠躬，感情深，新郎把新娘亲一亲。

交杯酒有句话叫感情深一口闷，感情浅舔一舔，没感情不喝也行，看你们感情如何，边喝边原地转几圈！

喝了这杯酒，幸福美满全都有！

喝了这杯酒，难忘时刻心中留！

喝了这杯酒，夫妻恩爱到白头！

美丽多情的 ×× 河畔，曾是你们谈情说爱的地方；清爽迷人的 ×× 公园曾留下你们的爱情脚印，脚下的路越长，你们心中的爱越深，你们从初恋、热恋到执著的爱恋，今天终于走到一起。

请你们珍惜美好的时光，珍惜这幸福的时刻。请荡起爱的双桨、扬起爱的风帆，把你们的生命之船驶向那美好温馨的港湾！

（抛喜糖）

让我们再次以热烈的掌声祝愿新人！婚礼之日分享的喜悦，将伴随二位度过人生的岁月。祝在座的各位嘉宾，一年都如意，四季都平安，三百六十五天天天都有好心情！新婚庆典到此结束，谢谢大家！（欢快的音乐响起）

七夕婚礼主持辞（节选）

男：天马流星，穿越时空的爱恋；钻石星辰，冰释相望的心结。

女：盈盈一水，隔断千年儿女梦。翩翩两蝶，架起七彩虹桥情。

男：各位嘉宾、各位朋友、女士们、先生们，大家好！

女：今天是公元 ×××× 年 × 月 × 日，农历 ×× 年七月初七，古老的历史，动人的传说，优美的诗句，铺垫出七夕节浓郁的文化底蕴，赋予七夕节神奇旖旎的氛围，令人沉醉不已。

男：山青青，水碧碧，山水如画太阳高，天气温暖，草木飘香，景色宜人，今天是一个大吉大利的好日子，宾客云集，高朋满座，欢聚在 ×× 富丽堂皇的 ×× 大酒店，共同参加 ×× 先生和 ×× 女士的新婚大典。

女：受两位新人家长的委托，由我们担任本场婚礼的司仪，我叫 ××，这位是我的搭档 ××，在这星光灿烂、美好的仲夏之际，我俩非常乐意成就二位新人的喜事。

男：彤日行天瑞兆，赤绳圆旧梦；禅云丽地辉荣，红叶赋新诗。

女：花好月圆，情动于中而形于言。请允许我代表二位新人及其双方的老人，对各位嘉宾、各位亲朋好友的到来，表示热烈的欢迎和衷心的感谢！

男：鞭炮声、祝福声、欢笑声，声声入耳。国事、家事、喜事，事事吉祥如意。

女：逢喜贺喜喜不断，喜逢新人逐笑面，出出进进人皆喜。大家同唱喜字歌，喜出望外把酒喝！

男：下面，让我们以掌声有请二位新人和双方的主婚、证婚人隆重登场，到主席台就座。

女：朋友们，七月的 ×× 是艳阳高照、莺歌燕舞、柳绿花红的仲夏季节。在这美好的季节里，一对新人带着火辣的恋情、美好的爱情和快乐的心情，怀着对未来生活的美好向往，双双步入新婚的礼堂。他们即将在这里许下海枯石烂永不变的庄重誓言；他们即将在这里接受所有来宾朋友对他们的真诚祝福；他们即将在这里饮下甜蜜的交杯酒；他们也将把这里作为人生的一个新起点。在今后的生活道路上，不管是富有还是贫穷，不论是健康还是疾病，他们都将携手并肩，互相搀扶，互相爱护，互相帮助，共同走过漫长的人生之路。这对幸福的新人就是 ×× 先生和 ×× 小姐！

乾八卦，坤八卦，八八六十四卦，卦卦乾坤已定；鸾九声，凤九声，九九八十一声，声声鸾凤合鸣。

男：现在是 6 点 18 分，六六大顺，18 要发。月好花圆，吉日良辰——婚礼开始！

有请全体嘉宾起立，请音响师和电子琴乐队把悠扬的《婚礼进行曲》奏响，请把祝福的幸福双响喜炮燃起，让我们以热烈响彻云霄的掌声，欢迎二位新人闪亮登场，共同步入新婚的礼堂！

（《婚礼进行曲》播放）

男：朋友们，新郎新娘已经手挽着手、肩并着肩、心贴着心，缓缓地向我们走来，从他们洋溢着笑容的脸上，我们可以看出他们此刻非常甜蜜，非常幸福，让我们再一次把祝福的掌声送给他们！

女：人们都说，结婚这一天是一个人一生当中最美丽、最漂亮的一天。朋友们，此时此刻，二位新人已经站在了我们面前。不用我说，大家已经看到了，今天的二位新人是相得益彰，相映生辉，光彩照人。随着神圣的《婚礼进行曲》，走上红色地毯，姣美的新娘手挽着父亲，捧着鲜艳的紫红色玫瑰，心儿像花般怒放，笑盈盈地向我们走来，新娘的父亲将女儿的手放在新郎的手上。

男：一朵紫色的小花，尚留着爱神的箭疤，让它那灵液的力量，渗进他眸子的中央。人逢喜事精神爽，满脸笑容登台上。

女：我们的新娘 ×× 小姐，穿着一袭洁白的婚纱，戴着璀璨放光的首饰。再瞧她长着柳叶眉、杏核眼、一头青丝如墨染、樱桃小口一点点，映衬出高贵典雅的气质，洁白俏丽的脸庞，尽显大家闺秀的风采。

新娘，站在你面前的他——

男：是在风雨飘零的夜晚，撑一把伞，为你遮风挡雨的那个人。

是在漫漫长夜，牵他的手，你便不再害怕的那个人。

是雪花纷飞的寒冬，给你一双温暖的手的那个人。

是你受委屈时，想伏在他肩头，大哭一场的那个人。

是把你气哭，然后千方百计逗你笑的那个人。

是喜欢 NBA，却陪你看电子情书的那个人。

女：是皱眉品尝你做的“佳肴”，却做狼吞虎咽状的那个人。

是他开心时，你对他吹胡子，瞪眼睛，他真生气时，你乖乖在一旁的那个人。

是愿意陪你数星星，却不愿陪你逛街的那个人。

是给你打电话，却不愿给你写信的那个人。

是记得你的生日，却忘记给你买玫瑰的那个人。

是你想给他两拳头，却给他一个吻的那个人。

是你想恨，却怎么也恨不起来的那个人！

男：百年修得同船渡，千年修得共枕眠。你侬我侬，忒煞多情，情多处，热似火，把一块泥，捏一个你，塑一个我，将咱们两个一齐打破，用水调和，再捏一个你，再塑一个我，我泥中有你，你泥中有我。

女：新郎，你面前的这个她——

就是在吵架时，虽然很想低头却不肯说出自己心里感觉的那个人。

就是把你的承诺刻在心里，却仍是满腹幽怨地不停追问你后不后悔的那个人。

就是爱你爱得地老天荒，却无论如何不肯开口表达的那个人。

就是在你面前时刻担心自己不够漂亮、不够可爱的那个人。

男：就是你走过的地方无论多危险，她也能陪着你走过去的那个人。

就是你一天看不到，就像少一根肋骨的那个人。

女：就是你绞尽脑汁、想尽一切办法去讨好的那个人。

就是在你满怀疲惫时，一想起就感觉有阳光浓浓地染亮你的睫毛的那个人。

就是让你放开男子汉的架子，把高昂的头低下来的那个人。

就是无论你走到哪里，都带着她永远的温馨、所有的幸福、所有的忧伤、所有的眼泪与欢笑的那个人。

……

（婚礼的中间程序同前面主持辞，内容略）

男：朋友们，婚礼马上就要结束了，婚礼是短暂的，但是新浪新娘的幸福生活才刚刚开始，在这里，我把几句由衷的祝福送给二位新人：爱是永恒的颂歌，爱是生命的源泉。愿你们在爱的道路上，无论是一马平川，还是崎岖坎坷，都能够携手并肩，互相支持，互相关心，互相搀扶，互相帮助，我相信你们共同努力，一定能够跨过任何障碍，走过任何险滩，最终到达幸福的彼岸！

女：婚礼到此结束，请各位入席用餐。

国庆婚礼主持辞

开场白：

佳日佳期喜洋洋，才子佳人配成双。

众位亲朋来祝贺，喜结良缘福满堂。

尊敬的各位来宾，亲爱的朋友们：

今天是 ×××× 年10月1日，在这金风送爽、普天同庆的大好日子里，我们欢聚在 ×× 大酒店，共同庆贺 ×× 先生和 ×× 小姐的新婚庆典！

各位亲友、各位来宾，请大家入座，婚礼马上就要开始了。

我是司仪 ××，非常荣幸在此与大家相会。此时此刻，一场温馨的情感盛宴即将上演，请您准备好热情的掌声为这对有缘人送上最美好的祝福。现在，我宣布，《×× 国庆有约，我们结婚啦》主题婚礼正式开始！

婚礼进行第一项：

请新人入场！（音乐）有一种真情叫做爱不释手，有一种分享叫做风雨同舟，有一种真爱叫做天长地久。虽然许多人已经拥有，但很多人还在追求。今天有一对新人将一生一世携手，把这里当做爱的天堂，许下爱的心愿。此时此刻，他们正在幸福之门下静静等待，等待您的祝福，等待您的掌声，等待属于他们的婚礼进行曲。朋友们，请全体起立，掌声有请新郎新娘闪亮登场！（《婚礼进行曲》响起）多少次花前月下，多少次相识相恋，终于等来了今天，等来了手挽着手，肩并着肩伴随着《婚礼进行曲》走进婚礼殿堂的美好时刻！

婚礼进行第二项：

介绍新人。新郎新娘站台前，郎才女貌好姻缘！他们真是白雪公主和白马王子的最美组合。大家先随我看新娘，新娘是个好姑娘，温柔美丽又大方。就是这样一个美丽善良的女孩多年来一直是新郎的梦中情人、心中的偶像、追求的对象，经过多年的孜孜追求与苦苦相缠，终于打开了她的心扉，到达了婚礼的驿站。这是新娘的魅力所在，同时也是新郎的魅力所在。再看一下徜徉在幸福之河的新郎，千里难寻是新郎，新郎是个好儿郎，英俊潇洒仪表堂堂。这么一位既帅气又多情，既像歌星又似影星的好男儿，哪个女子不喜欢呢，大家说，是不是？现在请新郎先向大家介绍下你和新娘的名字、职业和你们的罗曼史，特别是罗曼史要重点介绍，这可是大家都想知道的。

婚礼进行第三项：

新人宣誓：（《泰坦尼克号》主题曲）在这温馨时刻，请新郎深情地看着美丽的新娘，听我的问话，然后慎重回答。

做她的丈夫，无论她以后健康或疾病，漂亮或衰老，顺境或逆境，你都永远爱她，永不背叛她，你愿意吗？（愿意）实实在在一个“愿意”让新娘吃了一颗定心丸。新娘，做他的妻子，无论他以后富有或贫穷，健康或疾病，顺境或逆境，你都永远珍爱他，永不背叛他，你愿意吗？（我愿意）真真切切一个“我愿意”！

婚礼进行第四项：

证婚人主婚：下面有请证婚人做见证，为二位新人宣读结婚证书。

婚礼进行第五项：

父母上台：今天，我还请来了两位神秘的嘉宾，也是我们今天婚宴的最大赞助商，请大家以最热烈的掌声有请新郎父母上台。叔叔，这几天您和阿姨都辛苦啦！儿子为你们挑得儿媳妇怎么样？来，请坐，新娘快改口叫声妈，妈会笑着给钱花。今天改口叫声爸，以后疼你没二话。

婚礼进行第六项：

三拜仪式：儿女成长三分，父母流汗三升；儿女立业成家，父母操劳半生。新郎新娘情意长，不忘自己爹和娘，新郎新娘情谊深，不忘家人养育恩，请二位新人一拜高堂。爸爸妈妈辛苦啦，以后你们就开始享福吧！

鞠躬不到 90 度，不算好媳妇。亲朋好友是天，亲朋好友是地，有了亲朋好友我们就能顶天立地；亲朋好友是风，亲朋好友是雨，有了亲朋好友我们就能呼风唤雨。请二位新人二拜来宾。谢谢你们来贺喜，我们欢迎你。从今天开始你们将开始幸福的婚姻生活，相敬如宾是婚姻的基础，请你们面对面站好，深情地凝望着对方，夫妻对拜。勤下厨房多炒菜，真心实意爱太太，多干家务少唠叨，一心一意爱老公，人间生活多美好，两人世界显单调，早日生个胖娃娃，一家团圆乐逍遥。但要记住国家计划生育政策：数量要少，质量要高。

婚礼进行第七项：

喝交杯酒：分三口喝，先绕对方手喝，然后喂对方喝，最后绕对方脖子喝。喝了交杯酒，幸福跟着走，天长又地久。好，现在请所有来宾起立，斟好喜酒举起杯，为这对新人喜结良缘，百年好合干一杯，为各位领导、各位朋友身体健康，事业有成干杯，为大家节日快乐再干一杯！

各位来宾，亲爱的朋友们，现在新郎新娘又站在了台上，我们将为大家宣读一些朋友对新人的祝福。

……

万里晴空，山河壮丽。看九州方圆，普天同庆，江河歌唱，遍地流芳。天赐良缘，终生良伴，永结同心，家庭美满。

让我们衷心祝福一对有情人白头偕老，地久天长。我宣布，×× 先生和 ×× 小姐大型结婚庆典礼成。最后祝天下所有大家庭、小家庭、新家庭、老家庭，生活美满，和睦幸福，也愿天下有情人终成眷属！

主婚辞

主婚辞

尊敬的各位来宾：

大家好！

绿柳含笑永结同心，地阔天高比翼齐飞。

今天，我受喜主之托，有幸为 ×× 先生和 ×× 小姐主婚，在此，我首先向新郎新娘表示热烈祝贺，向来参加婚礼的来宾朋友表示热烈欢迎和衷心感谢！

月下老人巧牵线，世间青年喜成婚。×× 先生精明能干，思想进步；×× 小姐秀外慧中，美丽善良。这对积极向上的好青年，经过相识、相爱、相盼、相守，走到今天的完美结合。他们的爱情是真诚的、永恒的，他们的婚姻是幸福的、神圣的。

借此机会，我要对两位新人说：希望你们在家互敬互爱，尊老爱幼，合理分工，和睦相处；在外相互支持，相互鼓励，比翼双飞。同甘共苦，同舟共济，手牵手去创造美好的未来！

向阳花并蒂，同植常青树。

最后，祝 ×× 先生和 ×× 小姐新婚幸福，永结同心，白头偕老，百年好合！

祝在座的各位来宾身体健康，生活美满，事业顺达，万事如意！

谢谢大家。

父母主婚辞

尊敬的各位来宾，女士们、先生们：

大家好！

合欢偕伴侣，新喜结亲家。

今天是小儿 ×× 和儿媳 ×× 的婚礼。在此我代表全家向大家的到来表示热烈的欢迎和衷心的感谢，并祝大家心想事成，身体健康，阖家幸福安康！

儿子结婚，做父亲的心情非常激动，非常高兴。等了 ×× 年，盼了 ×× 年，终于等到了今天。借此机会，我想对儿子和儿媳说几句：

一次携手就是一生的誓约，当两个人在二十几岁的时候，彼此下定了决心，然后不知不觉就到了 ×× 岁，那个时候，你回头看看你身边的那位满头白发的老伴，突然发现，原来你们两人已经在一起吃过了那么多顿的饭，那么个日日夜夜，靠的是谅解，是关怀，是体贴。希望你们从今以后，无论发生什么事，都互敬互爱，互帮互助，以事业为重，以家庭为重，用自己的聪明才智和勤劳双手创造美好的未来，用一生的时间忠贞不渝地爱护对方，在人生的路途上心心相印，白头偕老。也希望你们有了自己的小家后，常回家看看。

自愧厨中无佳肴，却喜堂上有贵宾。粗肴薄酒，不成敬意，请各位开怀畅饮。如有招待不周之处，敬请各位原谅，祝各位身体健康，生活幸福！

领导主婚辞

各位来宾、各位朋友：

大家好！

下玉镜台笑谈佳话，种蓝田玉喜结良缘。

上周，我们单位的一位小伙子娶到了 ×× 国税局的国税之花；今天，×× 又为我们迎娶了一朵警花。作为主婚人，我感到十分荣幸。正所谓：才饮湘江水，又食武昌鱼。此刻，大家都十分激动。

在此，请允许我代表在座的各位来宾，向二位新人致以真诚的祝福。同时，受新郎、新娘的委托，向参加今天婚礼的各位来宾，表示热烈欢迎和衷心感谢！

新郎 ×× 现在 ×× 工作，担任 ××。小伙子英俊潇洒，工作认真，是一位才华出众的好青年。新娘 ×× 现在 ×× 工作。新娘正如她的名字 ×× 一样，不仅俊俏美丽，而且具有典型东方女性的内在美；不仅温柔体贴，美丽善良，聪明能干，而且有一种高贵典雅的气质美。她心灵手巧，勤奋敬业，积极向上，有一种不可言状的神秘美，新郎因此深深为她倾倒。他们的结合，真是才子配佳人，仙女配董郎，相依花好月圆，相伴地久天长！

莺歌燕舞菊花吐艳，水笑山欢丹桂飘香。

红梅吐芳喜成连理，海枯石烂同心永结。

我们相信他们一定能建立一个幸福美满的家庭。

衷心祝愿你们在今后的人生旅途中互敬互爱，互学互让，事业上作比翼鸟，生活上作连理枝，共同创造美好生活，实现事业家庭的双丰收。希望你们饮水思源，报答父母和长辈的养育之恩，以出色的工作来回报社会、领导和朋友的关怀与支持。

最后，祝二位新人生活甜美、早生贵子，也祝各位来宾家庭幸福、前程似锦！

集体婚礼主婚辞

各位嘉宾、各位朋友：

大家好！

海阔天高双飞翼，月圆花好两心知。

今天是 ×××× 年 × 月 × 日，是个喜庆日子。今天我们欢聚一堂，共同祝福 ×× 对新人的新婚盛典。

并肩走过甜蜜的恋爱岁月，携手走进幸福的婚姻殿堂，一对对情侣脸上挂满迷人的笑容，一对对新人心中充满无限的喜悦。作为主婚人，我感到无比荣幸。

各位潇洒的新郎、各位漂亮的新娘，请你们永远记住这难忘的时刻，希望你们心心相印到永远！

芙蓉出水花正好，新岁新婚新起点。

新婚，是人生的一个重要阶段，是人生中一个新的里程碑，它将给人生留下一个美好的回忆。新婚，标志着新生活的开始，也意味着一对对新人从此将肩负起社会和家庭的新责任。

作为主婚人，我希望新人们在今后的生活中，互敬互爱，相敬如宾，夫妻永远恩恩爱爱，让爱情之树永远常青。夫妻并肩携手，共创美好的未来。希望新人们在今后的工作中，互相帮助，互相理解，共同凝聚幸福的点滴。也希望新人们继承和发扬中华民族的优良美德，肩负起为人母、为人父的家庭责任，尊老爱幼，合家欢聚，共享天伦之乐。

最后，再一次祝福一个个小家庭永远奏响幸福温馨的乐章。祝愿在座的各位身体健康，家庭幸福。谢谢！

证婚辞

证婚辞

尊敬的各位领导、各位嘉宾，女士们、先生们：

不愿学鸳鸯卿卿我我浅戏水，有志学鸿雁朝朝夕夕搏长风。

今天，伴随着喜庆的《婚礼进行曲》，一对璧人走上了红地毯，接受亲朋好友的祝福。我受新郎 ×× 先生与新娘 ×× 小姐的重托，担任他们的证婚人，感到十分荣幸。在这神圣而又庄严的婚礼仪式上，能为这对珠联璧合、佳偶天成的新人作证婚辞，我感到分外荣幸。

新郎 ×× 先生今年 ×× 岁，现在 ×× 单位，从事 ×× 工作，担任 ×× 职务。新郎不仅英俊潇洒，而且才华出众。

新娘 ×× 小姐今年 ×× 岁，现在 ×× 单位，从事 ×× 工作，担任 ×× 职务。新娘不仅漂亮大方，而且温柔体贴。

他们经过相知、相恋、相爱，缔结的婚姻符合《中华人民共和国婚姻法》的规定。本证婚人特此证明他们的婚姻真实、合法、有效。

古人常说：心有灵犀一点通。是情是缘还是爱，在冥冥之中早已注定，今生的缘分使他们走到一起，踏上婚姻的红地毯，从此美满地生活在一起。上天不仅让这对新人相亲相爱，还会让他们的子子孙孙永远幸福下去。

最后我衷心希望：一对新人加油干，早日送上红鸡蛋！

集体婚礼证婚辞

尊敬的各位来宾，各位朋友：

大家好！

双双珠履光门户，对对青年结风俦。

今天是个喜庆的日子，我受 ×× 市青春集体婚典组委会的重托，十分荣幸地担任 ×× 对新人结婚的证婚人。在这神圣而又庄严的婚礼仪式上，能为这 ×× 对郎才女貌、佳偶天成的新人致证婚辞我感到非常荣幸。

参加此次婚礼的 ×× 对新人，既有来自工作在企业战线的优秀员工，也有默默耕耘在三尺讲台上的辛勤园丁，还有金融机构、机关团体的优秀青年。

在此次集体婚礼的活动中，他们既是参与者，又是积极、文明、健康文化风尚的倡导者，他们敢于创新的精神风貌、积极进取的青春风采值得青年人学习。

经过主办单位考察核实，参加今天集体婚礼的 ×× 对新人都符合法定结婚年龄，办理了完备的结婚登记手续。他们的恋爱是真诚的，爱情是甜蜜的，婚姻是合法的。

甜蜜的爱情缔造美满的婚姻，美满的婚姻促成幸福的家庭，幸福的家庭促进成功的事业。幸福的家庭、成功的事业正是我们社会实现和谐进步和繁荣的保证。

作为他们的证婚人，我感到非常高兴。为他们能够结成夫妻表示衷心的祝贺。并希望各位新人在将来的家庭生活中，平等相待，互敬互爱，勤俭持家，敬老爱幼，共同建立文明和睦、温馨幸福的家庭，共同为我市的精神文明建设贡献力量。

同时也希望各位新人在各自的工作岗位上，勤奋学习，扎实工作，在各自的事业上大显身手。不浪费光阴，不虚度人生，×× 年后再相会，相信你们一定能为自己的事业成功而自豪，为自己的家庭幸福而骄傲！

最后，再一次祝福新人爱情常新，家庭幸福！

集体婚礼领导证婚辞

同志们、青年朋友们：

千簇春花，簇簇春花，映千家春景。

一对新人，对对新人，树一代新风。

今天是公元××××年×月×日，由××市委、××市民政局、××市计生局共同主办的“××市首届优秀青年大型公益集体婚礼”在此隆重举行，我很高兴出席这个活动，同时对活动的成功举行表示热烈的祝贺！

随着时代的发展，生活的进步，人们的观念也在不断更新。大力倡导婚事简办是社会主义精神文明建设的一项重要内容，也是我市深入贯彻《公民道德建设实施纲要》、推进移风易俗的一次重大举措，更是实践“三个代表”重要思想的具体表现，对倡导我市婚事简办，提倡科学、文明、健康的良好社会风尚具有重大意义。

这次集体婚礼，极大地满足了新时期我市团员青年对先进文化消费的要求，充分展示了××青年继承优良传统，引导时代文化的精神风貌，是××社会文明进步的标志，也是××人民综合素质提高的见证。

集体婚礼隆重热烈、文明高雅。经过主办单位考察核实，参加今天集体婚礼的××对新人都符合法定结婚年龄，办理了完备的结婚登记手续。他们的婚姻符合《中华人民共和国婚姻法》的规定。他们的婚姻真实、合法、有效。本证婚人对他们能结成百年之好感到十分高兴，并祝各位新人珍惜爱情，事业成功，永远幸福！

最后，祝活动取得圆满成功，各位新人新婚愉快，家庭幸福，身体健康，万事如意！

谢谢大家！

婚礼致辞

好友婚礼致辞

各位亲友、各位宾朋：

鹤舞楼中玉笛琴弦迎淑女，凤翔台上金箫鼓瑟贺新郎。

在这景色宜人的美好时刻，欢迎各位前来参加 ×× 先生和 ×× 小姐的结婚庆典。

在这岁月生情的日子里，作为新郎的挚友，能够为一对新人的婚宴致辞，我感到莫大的荣幸！

一祝小夫妻今后的日子过得幸福美满、红红火火。新郎 ×× 先生是一名国家公务员，×× 小姐是一名教师。党是阳光，教师是太阳底下最光荣的职业，有了太阳和阳光，婚后的生活一定会很幸福，火红的青春一定更加炽烈，生命之花一定会常开不败，绚烂多彩。

二祝小夫妻今后以心换心、心心相印。“心”字正好有三点，这就是说，一个人的心并不完全属于自己，可以一分为三。三分之一给父母，三分之一给朋友，三分之一给爱人。一心三点，两人六心，因此，我还要以“六心”相赠，忠心献给祖国，孝心献给父母，爱心献给社会，痴心献给事业，诚心献给朋友，信心留给自己。

三祝小夫妻恩恩爱爱、地久天长。×× 盼知音，×× 赏 ××，这美妙的《婚礼进行曲》就是翻新的《高山流水》。×× 河水此刻正在低吟浅唱，它是在祝愿小夫妻一生平安，万事顺心；×× 山早已是银装素裹，就像新娘披上了洁白的婚纱，象征 ××、×× 的婚姻天长地久，白头偕老。

最后，请允许我吟一首小诗表示对新人的祝贺：

粉面佳人 ××，

仪表堂堂 ××。

瓜熟蒂落结连理，

×× 酒店酬宾朋。

谢谢大家，并请各位一定尽兴。

翠花，上菜！

介绍人致辞

新郎、新娘、证婚人、主婚人、各位来宾：

大家好！

蝶恋花花喜蝶花蝶常做伴，夫敬妻妻爱夫夫妻永相亲。

今天是 ×× 先生和 ×× 小姐缔结良缘、百年好合的大喜日子。作为他们的介绍人，参加这个新婚典礼，我感到非常荣幸。同时，我也感到惭愧，因为我这个介绍人只做了一分钟的介绍工作，就是介绍他们认识，其余的通信、约会，花前月下的卿卿我我等，都是他们自己完成的。

这也难怪，你们看新娘这么端庄秀丽，新郎这么英俊潇洒，又有才干，确实是女貌郎才，天作之合。

让我们一起举杯，衷心祝福这对新人百年好合，早生贵子，花开并蒂，美满幸福。干杯！

新郎新娘婚礼致辞

新郎：尊敬的各位领导和嘉宾，今天是 ×××× 年 × 月 × 日，是我们举行结婚典礼的日子。

新娘：欢迎各位莅临 ×× 酒店参加我们的婚礼，为我们见证这个美好的时刻。同时也感谢没有能够到场的朋友送给我们的祝福。

新郎：各位亲朋好友、各位领导、各位女士、各位先生，人生能有几次最难忘、最幸福的时刻？今天我感到无比激动，无比幸福。今天我和心上人 ×× 小姐结婚，有我们的父母、长辈、亲戚、知心朋友和领导在百忙当中远道而来参加我们的婚礼庆典，给今天的婚礼带来了欢乐，带来了喜悦，带来了真诚的祝福。

新娘：在这里，请允许我俩再一次真诚地感谢父母把我们养育成人，感谢领导的关心，感谢朋友们的祝福。

新郎：我会永远爱我的妻子，并通过我们勤劳智慧的双手，创造美满幸福的生活。

新郎、新娘：最后，请大家为我们祝福，我们也愿意和大家分享我们的幸福。祝大家工作顺利，万事如意！

婚礼来宾致辞

尊敬的 ×× 先生、×× 小姐，在座的各位领导和嘉宾：

大家好！

今天是一个大喜的日子，也是一个温馨的日子，对两位新人来讲，今天更是一个终生难忘的日子。新郎 ×× 先生以他的忠诚和智慧，赢得了新娘 ×× 小姐的芳心。更重要的是，我们的 ×× 小姐以她的热情和美貌，彻底征服了新郎 ×× 先生。

我十分荣幸参加你们的婚礼，我深深地被你们的幸福所感染，更被你们的真爱所打动。

有情人终成眷属。孔雀开屏月初圆，喜人喜事喜开端。

你们的婚姻有蓝天为凭，大海为证。祝你们相亲相爱，白头偕老！

再婚婚礼致辞

女士们、先生们、各位来宾：

大家好！

今天是个特殊的日子，×× 集团的 ×× 先生和 ×× 酒业的 ×× 女士，两个大龄青年经过岁月的磨炼和考验，终于走上了光明的坦途，携手步入幸福的殿堂！

新郎 ×× 是个使命感、责任感很强的男士，在单位人缘好，业务精，他身上的优点数也数不清。

新娘不仅容貌秀丽，而且善解人意、知书达理，是一位典型的贤妻良母。

迟到的春天里，两人一见如故，一见钟情，很快就喜结良缘了。我们无数次无奈地接受“红色罚款单”，只有这一张是我们最乐意被罚的。

在座的各位将见证 ×× 先生和 ×× 女士幸福生活的开始。借此机会我提议：在座的朋友们用最热烈的掌声对他们表示衷心祝贺！

×× 先生和 ×× 女士都是很有上进心的人，他们有共同的理想，有共同的人生追求，这奠定了他们事业的基础。经历了一些风风雨雨之后，他们更加深刻地领悟到了爱情的真谛，相信他们从此会相依相偎，更懂得珍惜彼此，能够更好地经营自己的感情与婚姻。希望他们婚后更好地工作，在各自的工作岗位上创造出更加优异的成绩。同时也希望他们在今后的日子里，无论风雨，都一起走过，在人生的旅途中相敬如宾、恩爱到老、携手一生。

再次祝愿他们：同谋宏基千秋业，共建勤劳百世家！

婚礼贺辞

婚礼贺辞

各位领导、各位嘉宾：

大家好！

并翅金莺初始柳，云路高翔比翼鸟。

今天，我们欢聚一堂，共庆 ×× 先生和 ×× 小姐喜结良缘，我感到无比荣幸和由衷的喜悦。

春暖花开，喜事连连，恭喜二位，你们期待已久的婚礼终于如期进行，你们现在的心情一定比谁都激动。

请允许我代表各位来宾送给你们最诚挚的祝福，祝愿你们新婚愉快，白头偕老，早生贵子，生活永远幸福甜蜜。

在爱情的道路上，二位新人虽然经历了不少风雨，但彼此的心是相通的，理想是一致的。真是良缘佳偶，天造地设的一对。

希望二位在婚后的生活中，互相帮助，互相鼓励，珍惜对方火热的感情，手挽手，心连心，恩爱白头，共同进步。

真心地祝福你们幸福万年长！

婚礼来宾贺辞

女士们、先生们、朋友们：

好事春风湖上亭，柳条藤蔓系爱情。

今天是好朋友 ×× 的大喜日子，我得以参加盛会，万分荣幸。在此，我谨向他们表示衷心的恭贺和美好的祝愿，向养育他们成长成才的双方父母、亲朋和前来贺喜的各位来宾、好友表示真诚的谢意与问候！

俗话说：十年修得同船渡，百年修得共枕眠。二位新人可谓郎才女貌，佳偶天成。于茫茫人海中找到他（她），分明是千年前的一段缘；无数个偶然堆积而成的必然，怎能不是三生石上精心镌刻的结果呢？真心呵护这份缘吧！

我希望你们互助互谅，共同努力，创造美满幸福的家庭。

愿有情人抱着平安，拥着健康，揣着幸福，搂着温馨，带着甜蜜，伴着浪漫，牵着财运，拽着吉祥，迈入幸福之门。谢谢！

单位领导贺辞

尊敬的女士们、先生们：

祥云绕屋宇，喜气盈门庭。

今天是我公司员工 ×× 先生和 ×× 小姐新婚大喜的日子，作为公司领导，我首先代表公司全体员工恭祝这对新人新婚幸福，白头到老！

希望两位新人在今后的生活中孝敬父母，互敬互爱，共同创造美好的未来！

鸳鸯对舞，鸾凤和鸣。

愿在座的各位亲朋好友共同分享这幸福的时刻，尽兴而归。

谢谢大家！

婚礼祝福辞

尊敬的各位领导、各位来宾、各位亲朋好友：

在这春意盎然、孕育希望的美好时节，×× 先生和 ×× 小姐，这对儿金童玉女，历经 × 年的激情相恋，今天终于花开并蒂，喜结良缘。在这里，请允许我代表新郎新娘的所有亲朋好友和各位来宾，向他们表达最美好的祝福，祝他们夫妻恩爱如胶漆，美满幸福享吉祥！

今天的阳光因为他们而绚丽，今天的红杏因为他们而绽放。今天，是一个可喜可贺的日子，新郎终于实现了他高中时期立下的“一定要把 ×× 追到手”的誓言。今天是一个有着特殊意义的日子，“三八妇女节”，它彰显的是女权，预示他们这个小家庭，新娘将是一把手。

看新郎，英俊潇洒，风流倜傥，浓眉大眼，落落大方，新郎不仅仪表堂堂，而且才华出众，是一位年轻有为的好青年。

看新娘，身材苗条，风姿翩翩，有如芙蓉娇艳美，赛过五彩金凤凰，新娘不仅温柔漂亮，而且智慧聪颖，是一名优秀的人民教师。

×× 小姐和 ×× 先生结合，真是郎才女貌，佳偶天成。在此，我用一副对联向他们表达衷心的祝福：

情切切，意绵绵，鸾歌凤舞纵情欢，夜以继日抓生产，早生贵子香火传。

天苍苍，野茫茫，海枯石烂天地荒，富贵贫贱不两样，风雨同舟万年长。

谢谢大家！

婚礼答谢辞

新郎答谢辞

尊敬的爸爸妈妈、岳父岳母，各位来宾：

大家晚上好！

感谢各位在这个美好的夜晚，特意前来为我和 ×× 的爱情做见证，是你们的祝福凝成了这个让我和我的妻子终生难忘的时刻。

感谢岳父、岳母大人对我的信任，将唯一的掌上明珠交付给我保管。请二老放心，我绝对不会辜负你们的信任。这辈子，我可能无法让你们的女儿成为世界上最富有的女人，但我会用我的生命使她成为世界上最幸福的女人。

感谢我的爸爸、妈妈。感谢你们把我带到了这个世界，让我学知识，教我学做人，让我体会到世界上最无私的爱。此时此刻，我想对你们说：爸妈，你们辛苦了！

感谢我身边的这位在我看来是世界上最漂亮的女孩，谢谢你与我执手，我会永远爱你，并和你一起为我们的幸福生活加油！

最后，请大家与我们分享这幸福难忘的夜晚，祝大家身体健康，万事如意！

新郎父母答谢辞

各位亲朋、各位挚友、各位来宾：

大家好！今天是犬子 ×× 和 ×× 小姐结婚的大喜日子，我感到非常高兴。今天，这对新人携手共同走进了他们婚礼的殿堂，开始了他们新的人生，我们也算完成了一个光荣的任务。这么多亲朋好友和父老乡亲送来了真挚的祝福。

在此，我谨代表双方的家长向这对新人表示衷心的祝福，同时，借此机会，向多年来关心、支持、帮助我们全家的各位亲朋挚友表示最诚挚的谢意！

结婚是人生的大事。面对台上这对新人，面对台下这么多的亲朋好友，我送三句话给这对新人，一是希望你们互相理解包涵，在人生道路上同舟共济；二是要尊敬和孝敬父母，你们结婚了，意味着你们的父母——也就是我们老了，希望你们常回家看看；三是不断进取，勤奋工作，回报社会、回报父母、回报单位。

在此，我想感谢我的亲家，培养出了一个这么好的女儿，让我们有了一个这么好的儿媳妇。我再一次祝福这对新人生活幸福、互敬互爱，并且衷心祝福来参加我儿子儿媳妇婚礼的各位来宾身体健康、生活幸福！

谢谢大家！

新郎新娘答谢辞

尊敬的各位嘉宾、亲朋好友们：

大家好！

今天是我们结婚的大喜日子，父母、长辈、亲戚、朋友和领导在百忙当中远道而来参加我们的婚礼庆典，在此，我们对各位来宾表示深深的感谢。

感谢父母，是你们把我们带到这个世界上并且不辞辛苦地把我们养大，这份恩情比天高、比海深。

感谢各位来宾一直以来对我们的关心和支持，是你们让我们感觉到温暖和美好。

感谢站在身边的爱人，不知不觉中，走过了花开的日子，在平凡中收获累累硕果，回报花开的期待，等待云起的日子。

人生最可贵、最难得的莫过于有人与自己相识相知相爱相守。爱，不分彼此；爱，没有贵贱。在铺满鲜花的土地上，我们牵手相拥，共醉一樽明月，共赏一曲瑶台。

无言是最好的表达，深情是最诚挚的祝福，感谢你走进我的生命中，对你的感激和爱永远不变！

再次感谢诸位来宾的关怀，祝各位身体健康，万事如意！

常用婚礼主持辞及致辞名句

山有木兮木有枝，心悦君兮君不知。

关关雎鸠，在河之洲；窈窕淑女，君子好逑。

执子之手，与子偕老。

问世间，情为何物，直教人生死相许。

上邪！我欲与君相知，长命无绝衰。山无陵，江水为竭，冬雷震震，夏雨雪，天地合，乃敢与君绝！

我住长江头，君住长江尾，日日思君不见君，共饮一江水。此水几时休，此恨何时已。但愿君心似我心，定不负相思意！

金风玉露一相逢，便胜却人间无数!

青青子衿，悠悠我心。但为君故，沉吟至今。

红豆生南国，春来发几枝。愿君多采撷，此物最相思。

愿得一心人，白头不相离。

东边日出西边雨，道是无晴却有晴。

得成比目何辞死，愿作鸳鸯不羡仙。

在天愿作比翼鸟，在地愿为连理枝。

身无彩凤双飞翼，心有灵犀一点通。

知我意，感君怜，此情须问天。

慢脸笑盈盈，相看无限情。

衣带渐宽终不悔，为伊消得人憔悴。

天涯海角有穷时，只有相思无尽处。

月上柳梢头，人约黄昏后。

天不老，情难绝，心似双丝网，中有千千结。

众里寻他千百度，蓦然回首，那人却在，灯火阑珊处。

两情若是久长时，又岂在朝朝暮暮。

柔情似水，佳期如梦。

平生不会相思，才会相思，便害相思。

色不迷人人自迷，情人眼里出西施。

相思树下说相思，思郎恨郎郎不知。

人生自古有情痴，此恨不关风与月。

严父开怀观凤舞，慧儿合卺学梅妆。

父喜子喜重重喜，友欢戚欢个个欢。

六礼周全迎凤侣，双亲欢笑看儿婚。

万里长征欣比翼，百年好合喜同心。

一世良缘同地久，百年佳偶共天长。

映日红莲开并蒂，同心伴侣喜双飞。

银镜台前人似玉，金莺枕侧语如花。

白首齐眉鸳鸯比翼，青阳启瑞桃李同心。

花烛下宾客满堂齐赞简朴办事，洞房中新人一对共商勤俭持家。

槐荫连枝百年启瑞，荷开并蒂五世征祥。

欢庆此日成佳偶，且喜今朝结良缘。

百年恩爱双心结，千里姻缘一线牵。

交结情侣只求道合志同，缕结同心日丽屏间孔雀。

第二章 宴会

主持辞及典型致辞

宴会主持辞和致辞一般“发表”在宴会的开始，是主人为了对来宾表示热烈的欢迎，亲切的问候，对客人的出席表示感谢，或者对客人进行答谢并表示衷心祝愿的应酬之辞。

宴会主持辞和致辞一般包括以下几个方面：

1.称呼。如各位来宾，亲朋好友们。

2.说明聚会的时间和此次聚会的目的，对来宾表示欢迎和感谢。

3.对本次聚会的事件进行赞美和颂扬，或者是评价和总结。评价要公正，总结应全面。如果是因某人而聚会，应介绍此人，说明其经历和事迹等。

4.对某事或某人提出希望，也可以说些鼓励的话。

5.再次感谢大家，并对全体提出美好祝愿。

宴会的主持辞和致辞都不是固定的，在实际生活中，应根据具体的情况来决定怎样主持和如何致辞。宴会多为喜庆场面，在讲话时可适当增加幽默成分，以便活跃宴会气氛，让大家感受更多的欢乐。

亲情宴

母子情祝辞

各位来宾、各位亲友：

今天，在我的儿子 ×× 即将要去 ××，到 ×× 的一家公司荣任 ×× 之际，我十分感谢各位亲友、×× 的各位同学、朋友多年来对他的支持和关爱。尤其是大家对他的殷切嘱托和祝福，不但让 ×× 一生受益，而且也让我们这些亲人为之感动。我相信，大家平日对他的关心和今天对他的祝福，都必将化为他前进的动力，困难时的勇气，伤感时的慰藉，努力奋斗的根基，通向成功之路的阶梯！

作为 ×× 的母亲，我既希望他壮志凌云，鹏程万里，更要祝福他平平安安。因为最大的幸福莫过于既有事业的成功，又有平安相伴。这是天下所有母亲的最大心愿！

在这个人海如潮、红尘滚滚的社会中，我希望我的儿子平静安定，勤恳劳作，辛勤耕耘，不存侥幸，一分付出，一分收获，平平淡淡才是真，安安乐乐才是福。希望他正确对待现在取得的成功，继续努力，善待自己，善待人生，得意时淡然，失意时泰然，居逆境而超脱，遇忧愁能自解。

人生竞争道路窄，平静以待自然宽。有了母爱，有了同学、朋友的挚爱，他一定能在竞争中到达胜利的彼岸。同时，我也在这里祝福那些和他同年龄的年轻人，希望你们事业学业业业有成，路程前程程程平安。所以，这杯酒，祝愿我的儿子，也祝愿在座的每个年轻人都拥有平安和幸福，干杯！

伉俪情祝辞

各位来宾、各位朋友：

我和我先生十分感谢各位在他即将远涉重洋奔赴 ×× 之际，用家乡的美酒为他饯行。友情的酒洒向前程的路，一定能使一切坎坷化为坦途，真诚的祝福化作缕缕春风，祝他春风得意，一路畅行！

同时我也希望我的先生，在赴 ×× 的日子里，常常记起我们在一起生活的时光，那一件件琐事，一颗颗爱的水滴，汇合成情的海洋；一个个互相关爱的细节，组合成美丽的陆地。一片片深情，一句句爱语，把我们的心紧紧地连在一起，在每个想念的地方靠岸，让思念的羽翼，带着温馨的祝福随时飞向你的心底。让我们手牵着手，跨过大洋，共度人生的湍流，共披人生的荆棘。

亲爱的，希望你牢记，不论遇到什么困难，自信和乐观是使人进取和追求的乐曲，坚韧和顽强是成功的阶梯，成功者最重要的是敢于拼搏的决心和勇气。命运的建筑师就是不懈奋斗追求的你自己。任何时候，我都会与你携手，共赴人生的盛宴。

朋友们，让我们共同举杯：

为我的先生在这个时刻即将走向新的征程，迎接新的希望；为各位的事业有成，前程似锦，干杯！

恋人情祝辞

各位女士、各位先生：

刚才几位男士举杯祝酒，所引用的名人诗句和玫瑰的芬芳表达了天长地久的爱情。同样，我爱我的心上人！

我爱你，绝不学攀缘的凌霄花，借你的高枝炫耀自己；也不学痴情的鸟儿，为绿茵重复单调的歌曲。

我爱你，不要你做我的花朵，点缀我的屋子；也不要你像那一盏清茶，滋润我饱暖的肠胃。

我爱你，你是我饥饿时的粮食，是我绝望中的希望，是我摸索时的火光，是我跌倒时身下的土地。

我要像晋北平原上的满面皱纹的老农那样来爱你。干旱的时候用汗水浇灌你，有冰雹的时候，用佝偻的腰背遮蔽你。我粗糙的手掌抚过你青绿的叶片，你是我青年的希望，老年的期待。

我要像云贵高原上扎着头帕的苗族妇女那样来爱你。点着星星的灯，拔去争夺你水分的杂草，披着月亮的斗篷，除去你枝上的蚜虫。

我要像田间的少年那样爱你。夏天的烈日里我筋疲力尽地倒在你的脚下；秋天的餐桌上我咀嚼着你，用我稚嫩的肠胃消化你。

我爱你，愿意做你身旁的一株木棉，不管冰雹还是风雨，都用生命护着你。

我爱你，为我在阳光下的注视，风中的倾听。我爱你，就像农民爱那老玉米。

这是我背下的一段散文。它正好表达了我的心意。我爱你，就像农民爱玉米。爱得深沉，爱得真诚，爱得痴迷。请大家共同举杯：

为我爱你像农民爱老玉米，

为我们大家的友情，干杯！

亲家情祝辞

尊敬的各位来宾、各位亲朋好友：

今天是一个喜庆的日子，×× 先生、×× 小姐即将结一世良缘，我们为他们“新婚贺双美，齐乐庆百年”而由衷地祝福。同时，×× 两姓也喜“三星在户，五世其昌”，结秦晋之好，亲家相会。这是婚礼的前奏，也是两家结成亲缘关系的时刻。

一根红线不仅成就了蝴蝶双飞的夫妻，也成就了两家浓浓的亲情。今天的聚会，是亲家相会酒，亲情酒。我们感谢上天最精妙最合理的构思，由于 ××

先生、×× 小姐的相爱结合，成就了 ×× 两家血缘接通上下古今，夫妻架联东西南北。由此而结成的亲情，纵横交错、结实无比。

有了这段亲情，路与路平坦起来，心与心贯通起来，情与情融洽起来。四海之内，亲情悠悠，我们欢聚一堂的是亲友，溶在酒里的是浓浓的亲情。让我们共同举杯：

为鞭炮劈劈啪啪把亲家门渲染得红红火火，感情缠绕得亲亲切切紧紧密密。

为我们拥有如此美好温馨的亲情，干杯！

翁婿情祝辞

尊敬的爸爸妈妈、各位长辈、各位亲友：

感谢各位为我和 ×× 的婚事费心操劳，感谢你们为我们走进幸福之门发放了通行证。我能在你们的关爱下找到这样一位让我愿意和她倾心厮守一辈子的爱人，是我一生最大的幸福。

我会永远忠于她，忠于爱情。人们说叶在恋爱时变成花，花在崇拜时变成果。我喜欢 ×× 的质朴、自然、诚挚、机敏和温情，还有那漂亮的面容。我也深知青春的花纵然美丽，总有一天要悄然离去，岁月的路有春风拂面也会有泥泞。请各位长辈和亲人放心，今天我和她牵手同涉人生之旅，那么，我们就会像青山白云相厮守，一直到岁月尽头！像莎士比亚说的那样，为了爱她，我要和时间决斗，把她接上比青春更永久的枝头。

感谢各位长辈给予我们的浓浓亲情，请大家为我们祝福，同时也祝各位亲友身体健康，心想事成!

浓浓亲情祝辞

尊敬的各位来宾、各位亲朋好友：

今天，我和我的爱人十分高兴能参加这亲情融融的家宴，这份浓浓的亲情在豪华的大酒店里是感受不到的，此刻，我们感受到了家的感觉。

亲朋好友坐在家里，二锅头融入的亲情比人头马还要浓烈，蘸酱菜、鲇鱼炖豆腐这些家常菜，融入了你们的深情厚谊，更是赛过山珍海味。感谢你们的邀请，使我们能像在家里一样享受这让人惬意舒心的丰盛家宴。

为此，我代表我的爱人，向你们全家敬上一杯酒，这凝结着亲情的美酒使我感受到，亲情正像人们所说的那样，是骄阳下母亲从自己头上摘下来戴给孩子的草帽；是儿女病痛时双亲焦灼的目光；是独在异乡为异客时亲人的叮咛和牵挂。

朋友可能因为我们的真诚无私而结交我们，同事可能因为我们善解人意而接纳我们，合作伙伴可能因利益的驱动而联络我们，可我们的亲人是无条件地爱我们、支持我们的。无论我们在外面扮演着什么角色，回到家里，围坐在餐桌旁，我们才是生活在真诚的位置上！

亲情也许没有一言九鼎，海誓山盟，但是当友情冷落你，爱情背叛你，生意上的伙伴欺骗你，仰仗着你的权势的人因为你的失意看不起你的时候，只有亲情那份骨子里的牵挂和血浓于水的关爱会抚平心头的伤痛。世界上最真、最深的情就是亲情，再次感谢你们的家宴让我们领略到家的温暖。

祝福你们全家永远幸福快乐，为这份浓浓的亲情，干杯!

友情宴

同学聚会致辞

（场景：毕业聚会）

各位同学：

今宵我们欢聚一堂。虽然相聚之后是离别，但我们内心有千言万语要说。

四年前，我们从祖国的四面八方来到这里。四年的同窗生活中，我们相亲相爱，一起走过了许多风风雨雨。

我们曾在教室里埋头苦读，我们曾在田径场上奋力拼搏，我们曾一起登上山巅狂欢……

这点点滴滴，情深意长，我们一生都忘不了。在多年之后，当回想这一切时，我们依旧会记得校园里的良师益友，会记得那流金岁月里的成长故事。

离别让我们心头有一丝丝的忧愁和悲壮，但我们拥有更多的快乐和豪情，“十年寒窗苦，今朝凌云志”，我们就要怀着成熟的人生理念、丰富的专业技能踏上工作岗位了！

今天，让我们相约 × 年后重聚。× 年后，希望我们在座的各位中既有金融业的骨干，又有军队里的精英，更有政界的骄子，我深信我们大家都将会在各自的岗位上做出一番骄人的业绩。

无酒，何以逢知己；无酒，何以诉离情；无酒，何以壮行色。

让我们举起酒杯，为我们这四年的缘分，为我们的相约，为我们辉煌灿烂的明天，干杯！

（场景：毕业 ×× 年后聚会）

各位同学：

时光如水，岁月如梭。毕业 ×× 年，在此相聚，圆了我们每一个人的同学梦。感谢发起这次聚会的 ×× 同学！

回溯过去，同窗 × 载，情同手足，一幕一幕，就像昨天一样清晰。

……

今天，让我们打开珍藏 ×× 年的记忆，敞开密封 ×× 年的心扉，尽情地诉说 ×× 年的离情，畅谈当年的友情，也不妨坦白那曾经躁动在花季少男少女心中朦朦胧胧的爱情。让时间倒流 ×× 年，让我们再回到 ×× 时代，让我们每一个人都年轻 ×× 岁。

窗外满天飞雪，屋里却暖流融融。愿我们的同学之情永远像今天大厅里的气氛一样，炽热、真诚；愿我们的同学之情永远像今天窗外的白雪一样，洁白、晶莹。

现在，让我们共同举杯：

为了 ×× 时代的情谊，

为了 ×× 年的思念，

为了今天的相聚，

干杯！

同乡会迎宾辞

各位老乡、各位来宾：

大家好！

年年岁岁人相似，岁岁年年花不同。在这秋色宜人、阖家团圆的美丽时刻，我们在 ×× 奋斗的 ×× 老乡在此团聚。

为了这次难得的相逢，本次聚会的组织者 ×× 同志不辞辛劳地为大家服务，我代表全体老乡对他表示衷心的感谢，也向所有参与今天聚会的老乡致以诚挚的祝福！

独在异乡为异客，每逢佳节倍思亲。但是现在，我们欢聚在一起，即使身在他乡，也不会感到孤寂。只要我们真诚地对待彼此，相信我们之间的情感会日益深厚。今天，我们在这里欢聚一堂，我提议，为我们这次的相聚和来日的重逢热烈鼓掌！

老乡见老乡，两眼泪汪汪。亲爱的同乡们，让我们把酒杯斟满，让美酒漫过杯边，让我们留下对同乡会的美好回忆，让我们留下对同乡的亲切关怀，让我们彼此的情谊留在心间，让我们将这杯酒一饮而尽！

感谢我们家乡父老的培养，期待明天我们飞得更高远！

这杯酒绝非陈年佳酿，更谈不上玉液琼浆，但它融进了我们全体同乡的情意，喝下去，就会感到家乡的温暖、芳香！

来，让我们共同举起这杯饱含千言万语的酒：

祝大家家庭美满，爱情甜蜜，事业成功，前程似锦！愿我们的友谊，地久天长！干杯！

校友联谊会迎宾辞

尊敬的各位老师、各位校友、各位同学：

大家好！

首先，感谢各位领导、老师、校友、同学来参加 ×× 文学院第 × 届校友联谊会，由于大家光临，×× 文学院第 × 届校友联谊会才能够顺利召开。所以，我代表文学院，向各位领导、老师、校友、同学，表示最热诚的欢迎和最诚挚的谢意，并请各位校友、老师代为转达 ×× 文学院全体师友，对由于各种原因没能到会的各位校友、老师、同学表示真诚的问候和良好的祝愿。

×× 文学院在 ×× 年以后发生了巨大变化。×××× 年招收了本、专科生各 × 个班，×××× 年取消专科招生，本科招收 ×× 人左右，在 ×××× 年开始招收 ×× 个班，现有在校学生 ×× 人。×× 年来，共为国家培养了本科生约 ×× 人。虽然我们办学时间只有短短的 ×× 年，但是，我们全体师生为着文学的理想和信念，因文而相识、相知，在学习中，我们相互激励，共同努力，不断进步，师生教学相长，教师循循善诱，诲人不倦，教师的教学、科研水平和实践能力不断提高，学生勤奋学习，孜孜追求，综合素质显著提高。

在我们以不同的创作方式服务社会时，我们自身也得到了锻炼和提高，走向成熟和完善，学院不断发展。当我们看到这些成就时无不高兴和自豪。××年来，老师经常唠叨学生，学生经常惦记老师，这就是××大学文学院师生的深情厚谊。

今天是个难得的机会，我希望这仅仅是一个开始，以后我们要通过各种形式的活动加强校友与学院之间、校友之间、师生之间的联系，通过相互鼓励、相互提携，不断加深我们的友谊。

我们要相互勉励，不断进步，努力为华夏文明贡献自己的聪明才智，为自己开创美好未来，为××文学院增光添彩。我们时刻期待着各位校友的佳音，学院的每位老师和同学，随时欢迎每位校友多回母校看看，多为母校的建设和发展献言献策，添砖加瓦。

最后，祝各位领导、老师、校友、同学身体健康，事业有成，生活幸福！

班庆10周年迎宾辞

各位老师，各位来宾，各位同学：

大家好！

今天，我们大家在××市欢聚一堂，隆重纪念××学校××班毕业10周年！

十年前，怀着同样的梦想和憧憬，我们从五湖四海相聚到××学校××班。

忘不了，我们曾同窗×载，在老师的辛勤培育下，共同走进知识的殿堂；忘不了，我们曾朝夕相处，共同缅怀友谊，一起畅叙衷肠。

在那×年里，我们生活在一个温暖的大家庭里，度过了人生最纯洁最浪漫的时光。

——为十年前的“千里有缘来相会”干杯！

为了我们的健康成长，最终能够成为教育战线上的教学骨干，我们的辅导员 ×× 老师付出了辛勤的劳动。今天我们特意把他从百忙之中请来，参加我们的同学聚会，对他的到来我们表示热烈的欢迎！下面请 ×× 老师为大家讲话。

（讲话略）

——为永生难忘的“师生深情”干杯！

时光荏苒，日月如梭，从毕业那天起，转眼间 × 个春秋过去了。当年的少年郎，如今已变成大人模样。

——为人生“角色的增加”干杯！

×× 年的时光，足以让人体味人生百态。在我们中间，有的早已改行另谋发展，现在已事业有成，业绩颇丰；有的已经买断工龄，下海经商挣大钱；但更多的同学依然坚守在教育第一线，无私奉献，辛勤耕耘，成为各学校的中坚力量。无论人生浮沉与贫富贵贱如何变化，同学间的友情始终是淳朴真挚的，就像我们桌上的美酒一样，越久越香浓。

——为同学间“淳朴真挚”的友谊干杯！

让我们暂且放下各种心事，和我们亲爱的老师一起，重拾当年的美好回忆，重温那段快乐时光，畅叙无尽的师生之情、学友之谊！

（同学们自由交流）

同学情是割不断的情，是分不开的缘。在短暂的聚会快要结束的时候，祝同学们家庭幸福，身体健康，事业发达！只要我们心不老，青春友情就像钻石一样恒久远。

——为我们“天长地久”的友谊干杯！

遗憾的是有些同学因事务缠身，未能参加我们今天的聚会。希望我们的祝福能传到他们身边。在这明媚春光里，再一次把最美好的祝愿带给我们敬爱的老师和亲爱的同学们！

——为有朝一日能够“再次相聚”，干杯！

友人小酌祝辞

各位兄弟、朋友们：

前几年，咱们几个同时下岗后，一起经营了这个搬家公司，到现在，已经小有名气，业务兴盛，兄弟的腰包也鼓了起来。在今后的日子里，我们大家只有继续努力，通力合作，才能把事业做得更红火。

我们的合作优势在于我们每个人各有所长。我记得有一个杂志上讲过这么一个故事，在日本的札幌市有几名中国留学生自己筹款开了一个重庆餐馆。几个人通力合作，自己当老板，自己采购，自己当服务员，生意相当红火。

有三个泰国学生买了中国菜谱依法操作，在街对面对着干，为了招揽顾客，菜价比中国人的便宜一半，生意却做不起来。只好把菜价一降再降，仍然没有起色，因为日本人相信正宗。这时泰国学生想要免费供餐一周，挤垮对手。他们请来的日本谋士却提出了相反的意见，这个谋士说，免费肯定不行，只能提高菜价，超过中国人菜价的 2 ~ 3 倍，把顾客都挤到中国餐馆，就会出现你们所盼望的效果。泰国学生依照日本谋士的计谋行事，果然中国留学生的餐馆十分火暴，利润丰厚。这时口角、争斗渐起，后因分配问题大打出手，不久餐馆只好关闭。泰国学生挂起了正宗中国菜招牌。

兄弟们，咱们不是留学生，都是一起同患难、同吃苦的哥们儿，都是“火车轱辘铁胶（交）”，我们只要同心协力，精诚团结，就一定能干出一番大事业。请大家共同举杯：

为我们之间的兄弟情谊，公司的和气生财，干杯！

知青会祝辞

尊敬的各位领导、各位父老乡亲，亲爱的战友们：

×× 年前，我们怀着万丈雄心来到这里。×× 年后，我们又满怀赤诚，重返故里！就像一首久远的歌曲，即使忘记了歌词，或者忘记了曲调，但是忘不了它曾经深深地感动过自己。

当往事已成追忆，当青春永不再来，今天，我们四十多名 ×× 届 ×× 农场的知青聚集在一起，隆重纪念下乡 ×× 周年，我代表热心参与筹备这次活动的战友，衷心地感谢各位战友的来临。

×× 年了，难忘这里的一山一水、一草一木，难忘这里的职工、知青们的音容笑貌、悲欢离合。也许，我们是生不逢时的一代，因为我们为共和国的成长承载了太多的沧桑：当我们长身体的时候，碰上国民经济困难时期；当我们学知识的时候，碰上了“文革”；当我们要工作的时候，碰上了上山下乡；当我们结婚的时候，碰上了计划生育；当我们扶老携幼的时候，又碰上了下岗失业……

但是，我们更是百折不挠的一代：我们曾经用辛勤的汗水催绿了 ×× 农场的山林和果园；我们曾经彻夜不眠地补习文化、提高素养；我们更用燃烧的激情去面对人情冷暖、世态炎凉。

今天，我们欢聚在一起，为欢乐者的欢乐而喜悦，为成功者的成功而高歌，为奋斗者的奋斗而助威！

我提议，大家举杯，为了我们共同拥有的宝贵知青经历，为了我们在返城后 ×× 年永不放弃的拼搏，为了 ×× 年来魂牵梦萦的知青情结，为了我们与乡亲们亲人般的情谊，为了滋养了我们的那片黄土地的兴旺发达，为了我们的再相聚，干杯！

战友情祝辞

各位首长，亲爱的战友们：

大家晚上好！

今天，我们 ×× 名亲如兄弟的老战友相聚在一起，如果说人生的岁月是一串珍珠，漫长的生活是一幅画卷，那么，我们的战友深情就是最亮丽的风景。

在这个欢聚时刻，我的心情非常激动，面对一张张熟悉而亲切的面孔，我心潮澎湃，感慨万千。

回望军旅，朝夕相处的美好时光怎能忘，苦乐与共的峥嵘岁月，凝结了你我情深意厚的战友之情。

……

二十年悠悠岁月，弹指一挥间。真挚的友情，紧紧相连，许多年以后，我们战友重遇，依然能表现出难得的天真爽快，依然可以率直地应答对方，那种情景让人激动不已。

如今，由于我们各自忙于工作，劳于家事，相互间联系少了，但绿色军营结成的友情，没有随风而去，已沉淀为酒，每每启封，总是回味无穷。今天，我们从天南海北相聚在这里，畅叙友情，这种快乐将铭记一生。

最后，我提议，大家举杯，为我们的相聚快乐，为我们的家庭幸福，为我们的友谊长存，干杯!

师生情祝辞

各位老师、各位同学：

大家好!

在我校 × 班的全体同学，以优异的成绩完成了学业，在即将离开母校之际，首先，我代表全体老师向 × 班的全体同学表示热烈的祝贺！

即将走出母校的同学们，你们经过 × 年的学习和奋斗，圆满地完成了学习任务，共同走过了一条闪光的道路，在思想和能力方面都有了大幅度的提高，取得了丰硕的成果。在过去的读书生活中，我不主张你们喝酒，今天，在你们即将踏上新的人生之路时，我们全体老师以酒为你们祝福。

希望你们拿出拼搏精神，谦虚谨慎，勤奋努力，走出一条辉煌的人生之路。人们说社会是个复杂的大集体，人生是一本难于读懂的教科书。我们就是要从人生这部大书中寻求更多的知识，实现人生的价值。流水因为受阻而形成美丽的浪花，人生因为挫折才显得更加壮丽！理想的鲜花在坚韧不拔中怒放，胜利的果实总是给历尽甘苦者品尝。

希望你们把大学毕业当成对学问追求的新起点，“子规夜半犹啼血，不信东风唤不回”，继续努力向生活学习，向实践学习，最终事业有成。

同学们，你们就要离开母校了，带着留恋与自豪，载着果实和希望。请大家共同举杯：

为全体毕业班的同学们勃勃树雄心行看跃马征途日，依依怀母校常忆毕业晚会时。

祝你们百尺竿头初进步，九霄云路永领先！干杯！

友情无价祝辞

各位兄弟、各位朋友：

今天，我和我的妻子在这家酒店设便宴请各位相会，大家能够在百忙之中光临，我和妻子都十分高兴。本来想在家里宴请大家，可是怕我们两口子的手艺不能表达我们对大家的敬意和感激之情。来到这里，希望大家都能像在家里一样惬意，我们等于把自家的饭桌搬到了这里，希望大家玩得开心，吃得顺心，谈得倾心，喝得欢心。

这杯酒，我要向各位朋友表示我们的深深谢意。在我被人骗走 ×× 万元、束手无策的时候，是你们，我的这些真正的朋友，给了我巨大的支持。有的慷慨解囊，有的出谋划策，有的四处寻求帮助，有的帮我安慰家人。是你们的帮助，使我的生意损失降到最低，这份情不是一杯酒能容得下的，借这杯酒表达我们的心意！

这些经历让我真正感受到世间最珍贵的是友情，是真正的友情！同时，我也深刻地体会到，好朋友当面指出你的不足，背后却称赞你的长处；坏朋友当面夸耀你的才能，背后却揭露你的伤疤；好朋友让你流泪播种，欢笑收获；坏朋友让你兴高采烈地播种，垂头丧气地收获；好朋友相识在志趣中，相聚在困难时；坏朋友在你得意时相识，在你困难时分手。我经历了这次风险，更使我有机会看到真正的朋友，我更加理解人世间最大的财富是真正的朋友。请大家举杯：

为感谢各位朋友的真诚相助，

为各位朋友的身体健康、事业有成，财源广进，

为友谊永远与我们相伴，干杯！

迎宾宴

公司迎宾宴致辞

尊敬的各位领导、各位来宾：

大家好，我代表 ×× 有限公司的员工，向各位领导和嘉宾的光临表示热烈的欢迎！

在这如诗如画、春光明媚的日子里，我们 ×× 有限公司迎来了十年华诞。此时此刻，我站在台上，心情非常激动。千言万语，只能用一句话来表达，那就是：感谢大家。

首先，我要感谢：

……

借此机会，我想向在座的各位领导和来宾提一个请求，请大家为我们颁发金、银、铜三个奖杯：

第一，我要用铜杯添满冰镇的啤酒喝下去，那种清爽的感觉会让我们时刻保持清醒理智的头脑，正确把握企业的发展方向。

第二，我要用银杯盛满醇厚的白酒喝下去，那种浓烈的感觉会激起我们强烈的工作热情。

第三，我要用金杯斟满红色的葡萄酒喝下去，我们相信，×× 公司在大家的支持下一定会更加红火！

记得有一首歌叫《三杯美酒敬亲人》，我也要向领导和来宾敬上同样的三杯酒，代表我们的感激之情、期盼之意：×× 过去的成功，与大家的关心、支持密不可分；×× 今后的发展，仍然离不开各位的鼎力相助。

恳请大家把这三杯充满美意的酒干了！

再次欢迎和感谢大家今天的光临！

酒店开业午餐酒会迎宾辞

尊敬的各位领导、各位嘉宾，女士们、先生们、朋友们：

大家中午好！

欢乐快乐时时乐，日发月发年年发。你旺我旺大家旺，家兴人兴百事兴。

今天，×× 酒店正式开业，作为酒店总经理，我感到十分荣幸。在此，我谨代表 ×× 酒店全体员工，对各位嘉宾的光临表示热烈的欢迎，对酒店的开业表示衷心的祝贺，对日夜奋战在酒店施工现场，为酒店顺利投入运行而付出全部精力和时间的所有员工及相关协作单位致以诚挚的谢意！

公司成立于 ×××× 年，经过 × 年的成长和历练，业务范畴不断扩大，从初期的房地产开发、物业管理服务，到近年涉足的包装工业、餐饮业、高尔夫球练习场等，无不体现员工的勤奋和上进，而 ×× 商务酒店的正式开业，对推进公司的进一步发展具有重要的意义。

酒店总面积超过 × 万平方米，拥有设备完善的客房和服务式公寓套房 × 间，休闲设施应有尽有，包括多功能会议中心、迷你影院、中西餐厅、阳光泳池、足浴棋牌、歌厅酒吧、舞蹈室、健身室、乒乓球室和羽毛球场等，无论是短期商务停留还是中长期居住，都非常舒适。再配合现代风格的建筑设计，可谓主题、内容、需求相符。在我市大力推进旅游经济发展的今天，可谓同占天时、地利、人和。

我们深深地知道，提高酒店的服务质量才是硬道理，因此，在未来的日子里，我们将一如既往地加强管理，以更高的目标建设各类项目，也希望能够得到在座各位一如既往的关怀和支持。

最后，祝各位嘉宾身体健康，万事如意，家庭幸福！谢谢！

欢迎嘉宾祝酒辞

尊敬的女士们、先生们：

一语天然万古新，豪华落尽见真淳。

今天，我非常荣幸地代表 ×× 公司，欢迎各位领导、经销商精英、各位常来常往的朋友、各位贤惠的女士、各位尊贵的先生的到来。今天，在这美丽的 ×× 湖畔，我们隆重举行 ×× 商务联谊会。

世间最纯净的水是深山淙淙流淌的清泉，商界最难能可贵的是相互之间的信任和提携。

我感谢各位为我们之间坚不可摧的友谊所付出的辛勤劳动和心血，同时也感谢各位盛情厚谊参加这次嘉宾云集的宴会。

美好的时光，欢快的心情，伴随着悦耳动听的音乐和欢声笑语，祝各位来宾：前面是平安，后面是幸福；吉祥是领子，如意是袖子，快乐是扣子；可口可乐伴你生活每一天！

为了我们的友谊，为了各位大展宏图，干杯！

欢迎合资人祝酒辞

尊敬的 ×× 董事长先生，各位贵宾们：

×× 董事长先生与我们合资建厂已经 × 年，今天亲临我厂对生产技术、经营管理进行指导，我们表示热烈的欢迎！

× 年来，我们双方合资建厂，生产、经营管理中的友好关系一直稳步向前发展，这对双方来讲都是值得高兴的事。

我们的友好关系能顺利建立，与我们双方严格遵守合同和协议、相互尊重和平等协商分不开，是我们双方共同努力的结果。

我相信，通过这次 ×× 董事长亲临我厂进行指导，一定会进一步加深我们之间的相互了解和信任，进一步促进我们双方友好合作关系的发展，使我厂更加兴旺发达。

让我们共同举杯，对 ×× 董事长的到来表示最热烈的欢迎！

公司宴请嘉宾祝酒辞

尊敬的各位领导、各位嘉宾：

你们好！

今天，能与在座各位领导和朋友欢聚一堂，我感到莫大的荣幸。在此，我谨代表 ×× 公司对各位的光临表示热烈的欢迎，对多年来一直关心、关爱和支持我们发展的各位领导和朋友表示衷心的感谢！

多年来，×× 公司在县委、县政府和上级部门的正确领导下，充分发挥了主力军作用，不断加快全县基础设施建设，促进地方经济发展。目前，在许多方面已经取得了显著的成效，为全县人民提供了优质便捷的服务。

……

各位领导、各位来宾，客户成功，我们才成功。你们的关爱，就是我们的动力；你们的希望，就是我们的目标。在此，我再一次代表 ×× 公司所有员工，对各位表示衷心的感谢，也真诚地希望社会各界一如既往地对 ×× 的工作给予更大的支持和帮助。

请大家举杯，为我们的相聚，为朋友们的身体健康、事业兴旺，干杯！

接风宴会迎宾辞

漂亮的女士们、尊敬的先生们：

今天，×× 省在这里设接风宴，欢迎在座的各位热心人士。在此，我谨代表 ×× 省人大常委会，向在座的各位朋友表示热烈的欢迎；向积极组织并参与"关爱满人间——×× 名人援助单亲特困家庭"慈善筹款义演活动的各位朋友们，致以崇高的敬意和衷心的感谢！

明天，凝聚 ×× 两地各界爱心的"关爱满人间"慈善筹款义演活动将在

×× 音乐厅举行。这次活动由 ×× 先生提议，得到诸多知名人士的大力支持，特别是在座的各位热心人士的积极响应。大家不辞劳苦，亲力亲为，参与筹款与义演，充分体现了乐善好施、造福桑梓的高尚品格，这是一种心怀祖国的赤子深情。相信明天的活动，必将唤起全社会更多的爱心！

请大家共同举杯，预祝明天的慈善筹款义演活动获得圆满成功！

宴请外宾祝酒辞

尊敬的 ×× 市政府友好代表团全体成员：

在这鲜花盛开草长莺飞的美好季节里，我们激动地迎来了以副市长 ×× 先生为首的 ×× 市政府代表团。上午，我们参观了世界闻名的火山风景名胜区 ××，刚才，我和 ×× 先生代表 ×× 市和 ×× 市签订了友好城市协议。这标志着两地间合作与交往的开始，它必将促进两地经济文化的繁荣发展以及传统友谊的巩固和加深。这个协议具有里程碑式的意义。

前年，我率团到 ×× 国首府 ×× 进行了项目考察，深深地感受到 ×× 国人民的热情好客和淳朴的民族风情，这次能够在资源丰富、人杰地灵、民风淳朴的 ×× 接待尊贵的 ×× 国客人，我感到十分荣幸。

今天 ×× 市政府在 ×× 酒店举行欢迎午宴，共同庆祝我们成功地缔结为友好城市，下面我提议：为了 ×× 先生及其漂亮助手和其他随员的身体健康，为了 ×× 市与 ×× 市之间加强合作，携手促进两地的繁荣与发展，干杯！

送行宴

高考壮行祝辞

尊敬的各位来宾、各位朋友：

大家晚上好！感谢大家选择龙门大酒店，在 ×× 同学即将参加高考之际，设下鱼宴，为他能大展雄风、鲤鱼跃上龙门而祝福。我们衷心地预祝他发挥正常跃上龙门，冲向胜利的彼岸！

嫩江三尺鲤，本在水中居。为贺榜题名，来做腾门鱼。我们用嫩江三尺鲤为他祝福，考试顺利，金榜题名！人们说，在关键时刻，自信和放松是保证走向成功的激昂优美的乐曲，雄心与沉稳是取胜的双翼，冷静和坚韧是必胜的阶梯，命运的设计师是自己！希望 ×× 能把握住机遇，把亲人的希冀化作动力，把压力变成奋斗拼搏的进取，只要你能放松，只要你能从容，只要你能拼争尽一切努力，成功就一定属于你！让我们大家共同举杯：

为预祝 ×× 同学金榜题名，跃门成龙，考上理想的大学。

为各位来宾的身体健康，万事如意，干杯！

好友饯行祝辞

各位师傅、各位朋友、各位兄弟：

今天，各位师兄弟、各位朋友共同置酒为 ×× 兄弟去南方，应聘从事新的工作饯行。我们大家以这一大碗酒为他的远行壮行色、添豪情，以酒表达心声。

这碗酒里饱含了大家的祝福，大家的希冀，大家一起走过的这些日子里最珍贵的手足之情。在这离别之际，我要说，你从来都是咱们厂的精英。

所以我们希望你不论到哪儿，都别低估了自己。许多人未成大事，都是因为他们低估了自己的能力，妄自菲薄。世界著名企业家舒尔顿曾说过，一块价值 5 元钱的生铁，铸成马蹄铁后可值 10.5 元，制成工业用的磁针之类能值 3000 多元，倘若制成手表发条，其价值就是 25 万元。你的潜力即使没有制成发条那样大，肯定也不只是块马蹄铁。

踏上征途应聘之日，就是每一块生铁无限增值之时。要正确估量自己的潜力，奋力拼搏，不懈努力，我们相信，你一定能创造出新的奇迹！现在请大家端起酒碗，以我们工人的豪迈，哥们儿的豪爽，手足的深情，干了这碗壮行酒：

为祝 ×× 兄弟乘风破浪行万里，一路顺风，为他万事顺心，前程似锦，干杯！

送恋人祝辞

（场景：几位好友在餐厅相聚，送别恋人，欲说还休）

各位朋友：

深情厚谊的话已被大家说尽，今天我们在这里送别，我换个方式给大家讲一段故事，权当是祝酒辞。古时候有个人外出经商，与妻子经常鸿雁传书，遥寄爱恋。有一次丈夫无暇写信，就只寄回了一张白纸。果然，知夫莫若妻，妻子见到这张白纸后，热泪盈眶，相思尽在于无声处，立即写诗回赠：“碧纱窗下启君封，尺纸从头彻尾空，想是郎君怀深意，相思尽在不言中。”

是啊，相思尽在不言中，不多说了，我把这故事中寓含的情，都融在这杯酒中，请大家干杯！

爱人送行祝辞

各位朋友、各位亲友：

感谢大家为 ×× 去美国以酒饯行。感谢你们对我们的一片深情。大家对他的真诚祝福，一定能促使他学业有成，创造奇迹！

我希望他到美国后，学习好，生活好，更要睡在世界上最好的地方。这个地方不是舒适的宾馆，不是高科技的水床，不是装有空调的房间，而是有永恒温暖的地方。那里晴空丽日，暖如阳春，无雪无霜，无风无雨，那就是永远爱着他的人的心房！

那里有爱人的温暖为他衡温，有爱人的心跳为他催眠，那里有真诚的祝福，无论天涯海角，永远都和他在一起！让我们共同举杯：

为 ×× 先生，我的夫君远涉重洋，一帆风顺，一路平安，为我们大家深厚的友谊，干杯！

老师为学生祝辞

同学们：

今天是个难忘的日子，我们欢聚在一起为你们祝福。明天，你们即将离开学习生活了三年的母校，走向更高的学府去深造。你们中学的台阶从这里走过，我相信，将来我们每一个老师都会为你们所取得的成绩而骄傲。作为语文老师，我要对你们说的是，人生的关键在于毅力，要有坚韧不拔的精神。你们看那流水，不懈地冲开阻挡它的高山，就是为了有一天能投奔江河。再看那雄鹰，不懈地搏击长空，那是它生命的意义，只有坚持，才是永恒。对于我们人类来讲，人生的真正价值在于不懈努力和奉献，为此，我祝福你们：

人生像金，要珍惜。金的特性是坚固、稀有和贵重。希望你们要珍惜时间，珍惜青春、爱情、生命。努力奋斗，你们就会充实、坚固、丰富、凝重——拥有金子一样的生命。

人生像木，要长进。一颗种子随风落下，不论石缝里，还是山岩下，不畏艰险的环境，饱吸阳光雨露，不畏风霜雷电，终于石破天惊，成长为一棵浓荫遮地的大树。

人生像水，要适应。水从容大度，不分昼夜奔流，能适应任何环境。适应也是克服，水滴石穿，这就是柔性、耐心。人生天地间，困境、逆境寻常事，重要的是要有水的情怀，水的柔韧，水的涵养，水的可大可小的气度，水的奔流到海不复回的精神。

人生像火，要投入。像火一样燃烧，热情而美丽。人生要做成一些事，就得全身心地投入、付出、牺牲。燃烧自己，才能拥有生命的壮丽辉煌。

人生像土，要浑厚。土无处不在，土随遇而安，朴素无华，根基结实：贫贱不能移，富贵不能淫，威武不能屈，永远保持自己的本色。

请大家共同举杯，希望每一位同学都能像金子到哪里都发光；像树木永远奋发向上；像水流柔韧大度；像火焰永远热烈；像土地坚实浑厚。干杯！

欢送记者团宴会致辞

尊敬的各位首长、各位嘉宾、诸位乡亲：

大家好！

今天是“中国网络媒体辽宁行”大型采访活动顺利完成的日子，鄙人能够忝陪末席，实感荣幸。

因为恰逢沈阳第 × 届国际 ×× 博览会这一盛事，所以在这里的采访报道将为整个采访活动画上一个圆满的句号。我和 ×× 报业集团 ×× 总编辑虽然没有全程陪同大家采访，但我们一直关注着大家的采访进程，一直关注着大家的报道成果，一直欣赏着大家对辽宁特别是对辽东半岛 ×× 基地宣传报道的点点滴滴。

在长达 × 天的时间里，各位朋友在 ×× 主任的亲自率领下，不辞劳苦，废寝忘食，勤奋工作，走到哪里采访到哪里，采访到哪里报道到哪里，总计发稿达 ×× 篇，在网上掀起了一股强劲的辽宁旋风，产生了出乎意料的轰动效应。在此，我谨代表主办这次活动的中共辽宁省委宣传部、辽宁省外经贸厅、辽宁省人民政府新闻办公室，以及承办这次活动的 ×× 报业集团 ×× 网，对活动的圆满成功表示热烈的祝贺！对热爱家乡、关心家乡发展、亲自指导此次采访活动的 ×× 主任，对付出辛勤汗水、聪明才智的中央和兄弟省市区重点网络媒体的各位朋友，表示衷心的感谢！

采访活动是短暂的，但是我们之间的情谊地久天长，像泰山一样永固长存，像黄河一样奔流不息。希望大家将辽宁作为工作、休闲的联系点，经常回来看看。

最后，我谨以薄酒一杯，祝贺这次采访活动的圆满成功，并祝大家身体健康、返程愉快，希望我们尽快在辽宁再相聚，干杯！

谢谢大家！

考察团饯行宴会答谢辞

尊敬的各位理事长，各位顾问，尊敬的各位女士、各位先生：

今天是个特殊的日子。我和我的两个同行 ×× 先生、×× 先生赴 ×× 工商考察团的考察工作顺利完成。首先，请允许我代表我们团全体成员向 ×× 乡亲致以最诚挚的谢意，衷心感谢乡亲们为我们举行如此盛大的饯行宴会。

此次赴 ××，历时已十天有余，回顾近半个月来，众乡亲热情款待，周详安排，使我们各项活动得以顺利进行。最令我们难以忘怀的，是亲人们对我们一片乡情梓意，使我们天天沉浸在激动、兴奋之中。值此嘉朋满座之际，请允许我再次向各位 ×× 父老、各位乡亲致以由衷的谢意！

各位乡亲：敝团此次考察的目的，旨在联络乡谊，考察交流发展工商之有效经验。由于大家的真诚指点，此行时间不长，但已圆满结束。短短十余天，让我们眼界大开，尤其是乡亲们为发展社会经济所表现出来的勤奋精神和聪明智慧，令我们印象深刻。诚如一位乡亲在其兴办的实业大门对联所言：集财力以裕国计，兴实业而利民生。这深刻地反映了众乡亲的心声！今晚聚会之后，我们一行将起程回省，回去后我们一定结合本省实际，认真吸取和学习乡亲们的宝贵经验，同时也将乡亲们对家乡的关切之情和提出的各项意见带去如实加以转达，相信一定会对家乡进一步的发展，起到良好的作用。

漂亮、贤惠的女士们，尊敬、智慧的先生们：在今晚这个饯行盛会上，敝团全体成员，内心深处对乡亲们的依依之情，真是难以形容。天下无不散之筵席，唯祈今后能与亲人们保持密切联系，增进团结，相互帮助、相互提携，殷殷此心，敬请宏鉴。

最后，谨祝各位万事胜意，为亲人们家家康乐，宏业千秋，为乡亲们健康平安，干杯！谢谢！

学子宴

学子宴主持辞

女士们，先生们，各位嘉宾，各位亲友：

大家晚上好！

在这五谷丰登的金秋时节，大家带着对知识的渴求，对高考骄子的祝福，欢聚在这里。热烈祝贺 ×× 同学以优异的成绩考入他理想的 ×× 大学，并与 ×× 一家共同分享 ×× 金榜题名的喜悦。今天的学子宴是一个新朋老友相聚的宴会，是一个传递亲情友情的宴会，是一个举杯庆祝的宴会。请允许我代表 ×× 家族向百忙中赶来参加这次晚宴的各位亲友致以最诚挚的谢意！

×× 从小立志成才，凭着聪明的头脑和勤奋的学习，从小学到高中一直在全校名列前茅。可谓寒门出学子，智慧育人才。

十年寒窗苦读，只为金榜题名。十余载的寒窗苦读，凝聚着 ×× 同学十年磨一剑的辛苦足迹，凝聚着 ×× 教子无悔的执著步履，凝聚着所有亲友的无尽期待。经过 12 年的拼搏努力，×× 今天终于实现了他的梦想，即将进入 ×× 大学校门，×× 同学对自己的要求很高，总觉得没考好，愧对江东父老，此时此刻他心情很激动、很复杂，纵有千言万语不知从何表达，最好的语言不如最实际的行动。下面请 ×× 为父母和在座的各位深深地鞠上三躬，一鞠躬，感谢父母的含辛茹苦！二鞠躬，感谢恩师的教诲，同窗的帮助！三鞠躬，感谢亲朋好友的关爱和支持！

今天是孩子的升学宴会，也是 ×× 家族宴请大家的感恩酒会，下面有请这次宴会的东道主 ×× 致答谢辞。

（致辞略）

×× 的一席话，情真意切，再次感谢大家能够在百忙中前来参加这个答谢宴会，朋友们，让我们斟满酒，共举杯，衷心祝愿 ×× 同学“百尺竿头，更进一步”，学业有成，早日成为国家的栋梁！同时，也诚挚地祝愿所有的来宾和朋友们工作顺利，生活美满，身体健康，万事如意！

举起这杯酒，幸福在心头，让我们与 ×× 家族共同分享这美好的时光！

金榜题名宴主持辞

女士们、先生们，各位嘉宾，各位亲友：

春回大地，看庭前春色满园，圆我金色梦幻。

福满人间，望天外福星高照，照你锦绣前程。

数载苦读功名书，只为金榜题名时。

父母殷切依依望，待儿高中榜为先。

今天，是公元 ×××× 年 × 月 × 日，初秋丽日，天朗气清。

祁祁甘雨，膏泽流盈。

习习祥风，启滞导生。

禽鸟翔逸，卉木滋荣。

纤条被绿，翠华含英。

今天是个大喜的日子，×× 同学终于考取了 ×× 大学 ×× 系，我们为着一个共同的庆贺目标，从东南西北、大街小巷云集 ×× 大酒楼，出席今天宴会的主要嘉宾和领导有：

（名单一一介绍）

对于各位大驾的光临，我代表主办此次宴会的 ×× 先生 ×× 女士，向尊贵的先生们、漂亮的小姐们，表示最诚挚的感谢！

想当年，夜里挑灯奋战，梦回题海无涯，就一个字：累；看今朝，白日梦游仙境，绽放青春之花，还是一个字：爽。俱往矣，数风流人物，还看 ××。

女士们、先生们！下面，我们将要看到的是神采奕奕、精神焕发的夺魁者 ×× 同学。吉时已到，庆典现在开始！

让我们用热烈的掌声，组成愉快的庆典乐；用排山倒海、雷霆万钧的欢呼声，组成呐喊的浪潮声，有请 ×× 同学闪亮登场！

金榜题名庆祝宴会主持辞

各位常来常往的亲朋好友、各位贤惠的女士、各位花枝招展的小姐、各位尊贵的先生：

大家好！

常言道："何物动人，二月杏花八月桂；有谁催我，三更灯火五更鸡。""自古英雄出少年。"今天是 ×××× 年 × 月 × 日（农历 × 月 ×），太阳出来暖洋洋，山泼黛来水施蓝。

在这动人心弦的美好时刻，在这古朴典雅、喜庆祥和的 ×× 酒楼大厅里，我们欢聚一堂，隆重地庆祝 ×× 同学考取了 ×× 大学 ×× 系，从此他（她）将开始龙翔深海，鹰击长空。

我叫 ××，今天能够接受 × 府的重托，在这神圣而又庄严的庆典殿堂，为 ×× 同学担纲祝贺仪式，荣任"金榜题名宴"司仪，我深感荣幸。

首先，我代表 ×× 同学及其父母，向各位老师、同学们、来宾和亲朋好友们，表示真诚的欢迎和衷心的感谢！

× 点的钟声敲响了，期盼已久、激动人心的时刻终于到来了，现在，我郑重宣布：×× 同学考取 ×× 大学 ×× 系庆祝晚宴正式开始！

有请音响师奏响《掌声响起来》，有请 ×× 同学的父母挚引 ×× 同学闪亮登场。请大家鼓掌！

人逢喜事精神爽，月到中秋分外明。数风流人物，还看今朝。

请大家的掌声热烈些，再热烈些，让我们共同祝贺 ×× 同学金榜题名！

升学答谢酒宴父母致辞

尊敬的各位领导、各位亲朋好友，各位老师，各位同学：

大家好！

首先，热烈欢迎各位亲朋好友、老师同学光临我女儿的升学宴！

12 年的寒窗苦读，终于有了今天的收获，女儿考上了理想的大学。我们做父母的，一方面，为女儿取得的成绩感到骄傲和自豪；另一方面，又为女儿即将离家求学而感到失落。慈母手中线，游子身上衣，临行密密缝，意恐迟迟归。和许多父母一样，此刻我们心情很复杂。

18 年来，我们一直守着望女成凤的梦想，女儿的好学上进让我们感到欣慰和自豪。因此，我们要感谢女儿为我们带来的快乐与幸福。

今天，女儿就要踏上征程，对女儿的思念会珍藏在心里。我相信这种思念，必将化作一盏明灯，照亮女儿的前程。

考上大学只是万里长征的第一步，人生的道路还很漫长。在这里我将清代纪晓岚写的一副对联送给女儿：“一等人忠臣孝子，两件事读书耕田。”忠臣、孝子、读书、耕田，看似平凡，却很不简单。一生中能够把这四件事情都做好很不容易。我这里借用这副对联，主要是希望女儿将来做一个对社会有用的人，做一个关爱家庭的人，做一个好好读书的人，做一个认真工作的人。送给女儿的第二句话是葛洪的一句名言：“学之广在于不倦，不倦在于固志。”说的是，学问的渊博在于学习时不知道厌倦，而学习不知厌倦在于有坚定的目标。第三句话：“事在人为。”积极努力就一定能取得成功。

最后，万分感谢各位亲朋好友、老师同学的光临。多年以来，女儿的成长进步，都离不开大家的关怀，这些我们都会铭记于心。在这里一并表示衷心的感谢！为大家身体健康，事事顺利，干杯！

常用宴会主持辞及致辞名句

慈母手中线，游子身上衣。临行密密缝，意恐迟迟归。谁言寸草心，报得三春晖。

一寸丹心图报国，两行清泪为思亲。

我独天涯听夜雨，寒灯三处照相思。

但愿人长久，千里共婵娟。

春风春雨花经眼，江北江南水拍天。

思家步月清宵立，忆弟看云白日眠。

烽火连三月，家书抵万金。

暗中时滴思亲泪，只恐思儿泪更多。

如何淮上雁，不作一行飞。

好把音书凭过雁，东莱不似蓬莱远。

一间茅屋何所值，父母之乡去不得。

桃花潭水深千尺，不及汪伦送我情。

去年花里逢君别，今日花开又一年。

江南无所有，聊赠一枝春。

何当共剪西窗烛，却话巴山夜雨时。

故人故情怀故宴，相望相思不相见。

浮云终日行，游子久不至。

百年心知同，谁限河南北。

劝君更进一杯酒，西出阳关无故人。

孤帆远影碧空尽，唯见长江天际流。

海内存知己，天涯若比邻。

请君试问东流水，别意与之谁短长。

浮云游子意，落日故人情。

谁令相见转多情，翻恨迟行不如速。

白头如新，倾盖如覆。

有情不管别离久，情在相逢终有期。

今夜良宴会，欢乐难具陈。

弹筝奋逸响，新声妙入神。

令德唱高言，识曲听其真。

齐心同所愿，含意俱未伸。

人生寄一世，奄忽若飙尘。

何不策高足，先据要路津。

客醉挥金碗，诗成得绣袍。清秋多宴会，终日困香醪。

玉柱琤瑽韵，金觥雹凸棱。何时良宴会，促膝对华灯。

诗联六韵犹应易，酒饮三杯未觉难。

每况襟怀同宴会，共将心事比波澜。

第三章 生日庆典

主持辞及典型致辞

不管是孩子周岁生日宴会，还是百岁老人做寿，在生日庆典仪式上，都不可避免地要说一些祝福或祝寿的话。

生日宴会主持辞及典型致辞的写法根据年龄的不同而各异。

给孩子过生日，一般包括对孩子的肯定和表扬，同时提出希望，鼓励孩子，最后祝福孩子并表达自己对孩子的爱。

给青年人过生日，勉励的言辞占了很大的部分，其次是赞美和祝贺。

在中年人的生日庆典上，要称赞其事业有成，儿女聪慧可爱，家庭美满等。

给老年人祝寿的讲究比较多，一般人都是上了一定年纪以后才开始重视生日。应根据寿星的年龄和性别来致辞，年龄可做相应的变动，性别一般应注意的是：形容男性多用“松柏”、“北斗”、“南山”、“泰岱”、“鹏程”等，以表现男性的刚强坚韧；形容女性多用“瑶池”、“王母”、“萱草”、“婺彩”等，以赞美女性的柔美温和。

一周岁宝贝生日祝辞

一周岁生日爸爸致辞

各位嘉宾，亲朋好友们：

大家好！

非常感谢大家在百忙之中来参加我儿子的周岁宴会，对此，我和我妻子向各位表示最热烈的欢迎和最衷心的感谢！

此时此刻、此情此景，我们一家三口心情非常激动。

为人父母，方知辛劳。×× 今天刚满一周岁，在过去的 365 天中，我和妻子尝到了初为人父人母的幸福自豪，但同时也真正体会到了养育儿女的辛劳。今天在座的有我的父母，还有岳父、岳母，对于他们 ×× 年的养育之恩，我们无以回报。今天借这个机会向他们四位老人深情地说声：你们辛苦了！并衷心地祝你们健康长寿！

在过去的日子里，在座的各位朋友曾给予我们许许多多无私的帮助，让我们感到无比温暖。在此，请允许我代表我们一家三口向在座的各位亲朋好友表示万分的感激！

今天以我儿子一周岁生日的名义相邀各位至爱亲朋欢聚一堂，菜虽不丰，但是我们的一片真情；酒纵清淡，但是我们的一份真心。若有不周之处，还盼各位海涵。

让我们共同举杯，祝各位身体健康、万事如意！谢谢！

一周岁生日妈妈致辞

各位长辈，各位亲朋：

大家好！

今天，我们欢聚在这里，共同祝贺我的女儿 ×× 一周岁生日。首先，我代表我们全家向大家的光临表示衷心的感谢！

一年前的今天，伴随着一声响亮的啼哭，我和我的爱人怀着喜悦的心情迎来了我们爱情的结晶，取名 ××。在此，我要对我的女儿说，今天你一周岁了，像小鸟初展新翅；明天，你就要像雄鹰一样展翅飞翔、鹏程万里！

爸爸妈妈永远支持你、祝福你！祝你生日快乐、早日成才！

同时，我也代表我们全家将最美好的祝福送给大家，祝大家身体健康、生活幸福、万事如意！再次感谢大家在百忙之中的光临！

谢谢！

一周岁生日外公外婆致辞

我们最亲爱的小 ××：

你的第一个生日到来了！你知道外公外婆此刻多么激动吗？在这个特殊的日子里，外公外婆希望等你会认字的时候，能够读懂我们对你的心意。

我们实在太高兴了，因为你是我们心中的小太阳，是我们精神与生命的无限寄托！

记得 ×× 年 × 月 × 日晚，我们一夜未眠，心中默默祝福你平安降生。

× 号上午，你终于来到了这个世界上。推窗远望，那是一轮充满朝气的红日，我们的小 ×× 正冉冉升起，你就是我们的小太阳。

今天是你的第一个生日，我们相信不久的将来，你将是一个聪明能干、学识渊博、永远向前的小“骏马”。我们盼望着你长大，盼望着你成才，盼望着你早日成为对国家有用的人才。

（附周岁对联一副）

冬至一阳生，春雨春风可期待，试看抓周兆。

时来周岁满，成才成德又何迟，当怀跨灶才。

青少年生日祝辞

10 岁生日父母致辞

孩子，今天是你的 10 岁生日，10 年前的今天，妈妈在经历了长达 × 小时的痛苦挣扎后，终于把你平安地带到了这个世界上，今天你满 10 岁了，已经度过 3650 个日日夜夜，这是你人生的第一个 10 年，在你今后的人生中，你将度过很多个 10 年，但是唯有这个 10 年是完全属于爸爸妈妈的。

今天是一个可喜可贺的日子。你刚出生的时候，就把手高高地举过头顶，仿佛要抓住整个世界似的。你学会走路以后，就不让大人抱了。你 7 岁上小学后，老师布置的作业几乎都是独立完成，从来不让爸爸妈妈操心。从你走进学校到现在，三年以来，老师每次家访或者学校开家长会，你都是老师表扬的对象，你是爸爸妈妈的骄傲。爸爸妈妈以前曾担心因为忙于工作没时间过问你的学习，现在看来，我亲爱的孩子，你是那么懂事，那么让人放心，对于学习，你从来没有懈怠过。我们相信，等你长大后，一定会成为一个充满希望和怀有美好信念的人。

孩子，虽然爸爸妈妈有时候也对你发脾气，但那是因为爸妈都有望子成龙的心理。你现在 10 岁了，我们会逐渐放手，让你自己去安排和选择生活，我们也相信你有这个能力。

10 岁的你在我们眼里是个可以商量事情的大孩子了，所以，在你生日之际，我们想和你郑重地说一句，今后你的路不管是平坦还是坎坷，都希望你能珍惜每一天，学会坚强和勇敢，做一个有知识、有修养的人。

一年之计，莫如树谷；十年之际，莫如树木；终身之际，莫如树人。

孩子，你是爸爸妈妈的骄傲，将来不管你走多远，在你身后，永远有我们全部的爱伴随你。以最深挚的爱祝福你，一生平安快乐，孩子，生日快乐！

12 周岁生日宴会主持辞

各位朋友、各位来宾：

大家好！

今天我们欢聚在这里，共同庆祝 ××12 周岁生日。

在这美好的日子里，所有的鲜花为他绽放，所有的星光为他闪亮。

首先我代表 ×× 及其全家，对大家的光临表示热烈的欢迎和衷心的感谢！我宣布：×× 小朋友 12 周岁生日庆典现在开始！

鸣炮奏乐！

热烈的掌声绽开了欢乐的笑容，悠扬的旋律赋予了美好的祝愿，下面有请小寿星致辞。

（致辞略）

在这热闹的场面和欢乐的气氛中，亲朋好友携来了款款深情。

声声祝福有如烛光，照亮了幼小的心灵。下面有请 ×× 的同学代表 ×× 小朋友致贺辞。

（致辞略）

师长的祝愿像蓝天一样深情，朋友的祝福似阳光一般温暖，此时我们的小主人是多么地幸福。这喜庆的时刻一定令小寿星的全家永远难忘。请尊敬的家长致辞。

（致辞略）

感谢家长的答谢辞，千言万语浓缩成一句话：“祝 ×× 生日快乐！”

接下来有请长辈为小寿星挂锁，请小朋友互赠礼物，让我们为小主人点燃生日的蜡烛，让它照亮小寿星前进的道路。

请小寿星许愿，大家为他祝福。

跳动的火焰为你插上翅膀，许下的心愿将承载你的梦想，翱翔在广阔的天地间！在人生的旅途上，我们的小寿星已经通过自己的努力走出了扎实的第一步。

现在让我们一起吹灭生日蜡烛，品尝生日蛋糕，共同分享 ×× 生日的甜蜜。

光辉的前景在向你招手，铺满鲜花的道路就在你的脚下，朋友们，让我们共同举杯，再次祝愿 ×× 生日快乐。年年长新知，岁岁更进步！也祝愿所有的来宾阖家欢乐，美梦成真！

18 周岁成人宣誓仪式主持辞

尊敬的老师，亲爱的同学们：

大家好！

八月是宜人的季节，金风送爽、丹桂飘香。我们聚集在 ×× 这个圣洁的地方，举行一个简洁而庄严的仪式——18 周岁成人宣誓仪式。

在仪式开始之前，请允许我介绍参加今天仪式的领导，他们是……

让我们用掌声对各位领导的到来表示热烈的欢迎和衷心的感谢！

下面我宣布：×× 学校 18 周岁成人宣誓仪式现在正式开始。

第一项：升国旗，奏国歌。

第二项：请校团委 ×× 老师宣布成人名单。

同学们，今天你们已经年满 18 周岁了，在行将成人之际，我们欢聚在这里，举行隆重的 18 周岁成人宣誓仪式。

让我们面对鲜艳的五星红旗，以成人的姿态庄严宣誓。

第三项：请学校团委宣传部部长 ×× 带领大家宣誓。

(在此正式成人之际，我以一个中华人民共和国公民的名义面对国旗庄严宣誓：捍卫神圣宪法，维护法律尊严，履行公民义务，承担社会道义，国家昌盛为先，人民利益至上，热心公益，奉献社会，无愧祖国培育，勤勉自励，奋发有为，不负长辈厚望，以我壮志激情，创造崭新未来，以我火红青春，建设锦绣中华！）

庄严的誓词深深印在我们的心田，它将成为我们前进的动力。我们的成长，离不开老师的呵护和学校领导的关怀，今天，×× 校长欣然来到 18 周岁成人宣誓仪式的现场，他带来了学校领导对我们的殷切希望。

第四项：请校长致辞。大家欢迎！

（致辞略）

感谢校长的殷切嘱托！同学们，在你们的成长中，父母倾注了巨大的精力和心血，是你们的第一任老师。你们对父母的最好报答就是不断进步，不断突破自己，将来成为祖国的栋梁之才。在这个特殊的日子里，让我们细心聆听父母的教诲。

（致辞略）

第五项：有请学生代表 ×× 致辞。

同学们，祖国的希望、师长的嘱托、父辈的寄语，汇集成一股股暖流，展开你们理想的翅膀去飞翔，扬起你们奋进的风帆去远航！

第六项：请 ×× 同学代表全体成人学生致辞。

（致辞略）

第七项：我们以最热烈的掌声有请团市委 ×× 书记给我们讲话，大家欢迎！

（致辞略）

（讲话结束后，播放主题歌。）

仪式虽然短暂，但意义是深远的，成年是快乐的、独立的，同时，成年也意味着责任。我们相信，你们不会辜负老师、父母的期望，一定会在以后的学习中，以优异的成绩交出你们成年后第一份满意的答卷。祝大家前途无量！

仪式到此结束，谢谢大家！

18 岁生日致辞

点燃 18 支蜡烛，在跳动的烛光里，映照了你虔诚的模样，吹灭蜡烛，吹散烦恼，纯真年代从此尘封。

18 岁，多么美妙、多么令人羡慕的年龄！在儿童、少年的眼里，你是大哥哥（大姐姐）。在中年人、老年人眼里，你是岁月的富翁。

18 岁，你将带着父母亲人的热切期盼，面对庄严的国旗许下铿锵誓言，光荣地成为共和国的成人公民，迈出成人第一步，踏上人生新征途。

18 岁，人生中一个新的里程碑，是人生旅途中一个新的起点。从这一刻开始，你将以更加自立自强的姿态去面对人生和社会；你将享有宪法所赋予的权利，并履行宪法所规定的义务；你将和所有成年人一样，担负起国家、社会和家庭所赋予的神圣而庄严的使命！

18 岁，这是一个多么美丽而又神圣的字眼。它意味着从此以后，你将思考更深的道理，探求更多的知识；你要将理想转化为现实，将依赖变为自立；你的世界观、人生观、价值观将进一步确立和坚定。

18 岁，玩儿心和伤心都要悄悄收起，告别过去的莽撞、青涩，告别自己的孩童和青少年岁月，从此走进人生的新阶段。在新的生活里，你将体会到人生路上真正的付出与收获、成功与失败、幸福与艰辛，因为你长大了，有了自己思考问题的方式，有了明确的价值取向和人生态度，所以说，你将拥有真正的生活！

从一个呱呱坠地的婴儿，长到 18 岁成人，经历了 6570 个日日夜夜，这是一个多么漫长的过程！在这个过程中，父母见证了你每一天的成长。当你摔倒、哭泣、生病的时候，父母为你擦干眼泪，最心疼你的是他们；当你进步、欢笑、取得成绩的时候，父母又是最开心的人。在未来的日子里，用你的爱去诠释你对父母的感激吧！

18 岁，是一个应该懂得感恩的年纪。感谢父母给了你生命，感谢老师的辛勤培育，感谢同学的鼓励和温暖的友谊，感谢母校，不管你走到哪里，你的身上都留着母校的印记，感谢……

在未来的岁月里，父母、老师还会把你惦记，但是，毕竟你长大了，有一天父母和老师的臂膀或许不再有能力为你遮风挡雨，而只能默默地将你守望。相信那时的你已羽翼丰满，勇敢顽强！

让18岁成为人生的一个崭新开始，一步一个脚印，带着勇气、知识、信念、追求去搏击长空，创造自己的新生活！我们也祝福你在今后的人生道路上，一路拼搏，一路精彩！

18岁生日的蜡烛，是黑暗中亮起的希望之光。以青春为动力，以理想为方向，用年轻的臂膀去开创一片属于自己的天空。坚定信念，为生命的多彩而高歌！

生日宴会小寿星答谢辞

尊敬的爷爷奶奶、叔叔阿姨，亲爱的来宾朋友、小伙伴们：

大家好！

今天是我的 × 岁生日，有这么多的长辈前来为我庆祝，我的心情十分激动，在此我有许多话要说，首先我要感谢我的爸爸妈妈，在我眼里，他们永远伟大。感谢他们把我带到这个美好的世界上来，× 年以来，他们不求回报地爱着我，给我的关怀无微不至，我为自己有一个温馨幸福的家而自豪。在我成长的 × 年里，他们付出了太多的爱和辛苦，今天，在我 × 岁生日之际，他们又为我举办了这么隆重的生日宴会，千言万语凝聚成一句话：“爸爸妈妈，你们辛苦了，我一定好好地学习，不辜负你们的期望！”

我还要感谢在座的爷爷奶奶、叔叔阿姨，感谢你们给我的关心和对我们全家的厚爱。在我的成长过程中，你们一直关注着我，鼓励着我，我要代表我们全家感谢你们！（深深鞠一躬）

最后，祝愿各位来宾：身体健康，工作顺利，万事如意！

谢谢大家！

生日宴会家长答谢辞

各位领导，各位来宾，亲爱的朋友们：

大家晚上好！

今天是我的儿子（女儿）××10岁生日的大好日子，有这么多亲朋好友前来捧场，我感到十分高兴，我代表我们全家对各位的盛情光临表示最衷心的感谢！

10岁是一个非常美好的年纪，是人生旅途中的第一个里程碑。在此我也要祝愿我的儿子（女儿）生日快乐，在今后的岁月里，健康幸福地成长！

××的成长离不开各位长辈的关怀和厚爱，希望大家能一直给他（她）支持和鼓励，这些是他（她）人生中不可缺少的动力。

希望他（她）的人生更精彩，也祝各位心想事成、万事如意！

中青年生日祝辞

20岁生日寿星致辞

不知不觉，这么快就走过了20个春秋，无数个夜晚，我静静感受青春走来时的滋味，有甜蜜也有苦涩。

对人生来讲，20岁是一首歌，每一步都是一个节拍。20岁也是一首诗，字里行间透出青春的力量！20岁，是充满活力、充满激情的年华。

20岁生日，首先要感谢爸爸妈妈，他们把我带到这个美丽的世界上，含辛茹苦地养育我，以最深的爱拥抱着我。我一帆风顺地考上了重点高中和大学，他们说我是他们生命的骄傲，在这里，我想对他们说："我生命里的所有辉煌都归功于你们，爸爸妈妈，辛苦了！"

20岁是画家描绘的最美的景色，是早晨最美的那道霞光！畅想未来，我已经做好迎接挑战的准备，为前20年的生活画上一个圆满的句号，我将信心百倍地去迎接新的征程！

20岁生日致父母答谢辞

各位长辈，各位来宾，亲朋好友们：

大家好！今天，我们欢聚在一起，共同祝贺我的20岁生日。首先，我代表我们全家对大家的光临表示衷心的感谢！

20多年前，爸爸妈妈相识相爱，然后走上了红地毯，而我就是他们爱情的结晶。时光飞逝，如今，我已经成长为今天潇洒帅气的少年郎。这其间，在爸爸妈妈的精心呵护和照料下，在亲戚、朋友、老师、同学们的关爱和帮助下，我生活幸福，学习进步，茁壮成长，我为可以成为这样一个活泼可爱、富有爱心的人而感到高兴和骄傲。

一直以来，我最想感谢的就是我的爸妈，今天我是一只小鸟，伸展新翅，明天我要像雄鹰一样鹏程万里。但我知道，不管我在哪里，将来会走多么远，亲爱的爸爸妈妈，你们对我的爱和支持都有增无减。

当生命走过了20个年头，我已经学会了自己飞翔，你们的爱永远是我一生最美的珍藏，它们永远留在我心里最柔软的地方，我要用一生的时间去报答你们。

谢谢你们对我的培养，在我犯错误的时候，你们对我循循善诱，耐心教导，给我以无私的爱，我一定会记在心中，好好努力，让你们幸福！祝我自己生日快乐、早日成才！更希望为我一直劳苦的爸妈幸福快乐！

同时，我也代表我们全家将最美好的祝福送给大家，再次感谢大家在百忙之中的光临，希望大家今天吃得舒心、喝得尽兴、玩得开心！

谢谢！

30岁生日感恩辞

各位来宾，亲朋好友们：

今天是我30岁的生日，十分感谢大家的光临。对我来讲，这是一个充满感恩的日子。

感谢父母的养育之恩，让我走过三十岁温暖人生。

感谢岳父岳母和我的爱人，让我有一个温暖幸福的家庭。

感谢亲人的呵护和关怀，让我感受生活的美好温馨。

感谢……

30岁是美丽的分界线。30岁前的美丽是青春，是终会老去的容颜；30岁后的美丽是内涵，是魅力，是永不凋零的美。

没有20岁的天真烂漫和清纯可爱的笑容，没有25岁的健康活泼和好战好胜，取而代之的是坚定的自信、处变不惊的镇定和一颗宽容忍耐的心。

30岁，是一个新的人生阶段，无论在这个阶段之前曾发生过什么，我依然怀着感恩的心情说“谢谢”！感谢30岁时我拥有的一切！

我是幸运的，也是幸福的。我从事着一份平凡但满足的工作；上天赐给我一个知心爱人和一个健康聪明的孩子；健康、关爱我的父母给了我一份内心的踏实；和各位朋友的交心使我的内心又平添了一份温暖。

最后，我再一次代表我们全家，对赏光出席我生日晚宴的各位来宾和亲朋好友，致以最诚挚的谢意，希望大家能够度过一个愉快的夜晚！

为了大家的健康、幸福和成功，干杯！

40岁生日晚会主持辞

尊敬的各位来宾、女士们、先生们：

大家好！欢迎各位来到福齐天大酒楼。

今天是××××年×月×日。我们相聚在寿宴厅里，带着甜蜜，带着温情，带着微笑，带着祝福，隆重庆贺××先生（女士）40岁生日。

首先，请允许我介绍出席××先生40岁生日宴会的主要领导和嘉宾，他们是……

我谨代表××先生（女士）及其全家，向参加寿宴的来宾和亲朋好友表示真诚的欢迎和衷心的感谢！

今天，高朋满座，喜气洋洋，欢声笑语，歌声悠扬，今天是一个美好幸福的日子，朋友们从四面八方相聚在福齐天大酒店参加××先生（女士）的40岁生日晚会，每一份祝福，都表达着一份真诚，让我们把千万个祝福，伴随着《生日快乐》歌送给你，祝福××先生（女士）生日快乐！

一对花烛点红台，双辉绣阁祥光开，明同日月千秋照，庆祝长福万喜来。请点燃象征生命活力的生日蜡烛。

（点燃生日蜡烛）

愿你生活的每一天都充满了阳光、温暖和爱意。让喜悦和快乐包围着你，让所有的来宾和朋友们与你一起度过一个难忘的生日！请寿星 ×× 先生（女士）许愿，吹蜡烛。

精美的生日蛋糕象征着寿星 ×× 先生（女士）人生的辉煌、事业上的成功、婚姻家庭的圆满。有请 ×× 先生（女士）上台为我们切下第一块蛋糕。

五千年文化以茶为敬，数万里山河唯善是从。儿行天下，最牵挂孩子的是父母，下面请 ×× 先生的儿子 ×× 给爸爸送上生日祝福。

感恩是中华民族的传统美德，尊敬的各位来宾，下面就让我们用热烈的掌声欢迎 ×× 先生致生日答谢辞！

（致辞略）

难忘今宵的欢乐，难忘这充满真情的夜晚，转眼不觉光阴度，最盼良辰美景时。让我们记住这个欢乐的夜晚，让真挚的友情如高山流水般永远流淌在我们的心田，让我们的友谊随着时间的推移更加美好，让阳光灿烂的日子永远伴随着我们生命的每一天！

尊敬的各位来宾、女士们、先生们！现在我提议：为了 ×× 先生 40 岁生日，干杯！

40 岁生日晚宴答谢辞

尊敬的各位领导、各位来宾、各位亲朋好友：

今天能够邀请到各位领导和朋友亲临我的 40 岁生日晚宴，我和我的家人都感到十分荣幸。

首先，我要感谢百忙之中光临晚宴、我十分敬重的领导 ×× 先生、×× 先生、×× 女士、×× 女士，感谢你们多年来在生活上给予我的关心和工作上对我的栽培。

感谢我的好朋友，著名歌手 ×× 先生、诗人 ×× 先生，著名律师 ×× 先生，画家 ×× 先生、×× 女士、×× 女士拨冗光临，为我的生日增辉添彩。

借此机会，我要特别感谢在我人生的重要关口给予我极大关怀与帮助，因为目前不在 ×× 而未能出席这次生日宴会的 ×× 先生、×× 先生，如果没有他们多年来真诚的关怀和帮助，我就没有今天的一切。所以，我和我的家人，每时每刻都对他们抱着一颗感恩的心。我们无以为报，只能真心祝愿他们身体健康、生活幸福、工作顺利，并愿他们一生平安!

我还要感谢今天光临宴会的我的同学和所有好朋友、好同事。能跟你们成为一世的朋友，是我人生的一大幸事。正是和你们在一起，我才没有虚度人生。希望在未来的人生道路上，能够一直拥有你们这样的好朋友，让我们的友谊常青!

同时，我还要特别感谢我的父母、岳父、岳母、妻子和儿子，因为他们的精心呵护，使我们的家庭充满温馨，使我能够安心做好工作。

最后，我再一次代表我和我的家人，对赏光出席我生日晚宴的各位领导和亲朋好友，致以深深的谢意！

希望大家在此度过一个愉快的夜晚，祝大家身体健康，阖家幸福，干杯!谢谢!

老年人生日祝辞

50 岁生日晚会主持辞

（背景音乐《我的父亲和母亲》）

（音乐声降低，主持人上场）

各位亲朋好友、各位贤惠的女士、各位尊贵的先生：

大家好！

紫气东来，祥云缭绕，高朋满座，吉时已到。

今天，是 ×××× 年 × 月 × 日（农历 × 月 ×），在这风和日丽的美好时刻，我们相聚在鲜花簇拥的 ×× 大酒店寿宴厅，热烈、隆重地庆贺 ×× 先生 50 大寿。

我叫 ××，是 ×× 先生的侄女，今天十分荣幸接受 × 氏大家庭的重托，步入这神圣的生日庆典殿堂，为伯父 50 岁生日寿宴担任主持。首先，我谨代表伯父及全家人，向参加寿宴的来宾和亲朋好友们表示真诚的欢迎和衷心的感谢！

丝竹管弦如珠落玉盘，烛光摇影朋友四方来。希望大家在这和睦的气氛里过得愉快，并留下一个美好的回忆。

接下来，请允许我介绍在座的领导和嘉宾。今天，在百忙中前来参加 ×× 先生 50 大寿宴会的有……

真可谓一家喜事千人喜，无限欣慰在心里；高朋满座，嘉宾云集，欢声笑语，其乐融融。

现在，我郑重宣布：×× 先生 50 大寿庆典仪式正式开始！有请音乐师奏乐。

请寿星 ×× 先生与夫人 ×× 女士进入大厅。

有福称寿星，五十正辉煌。

请寿星 ×× 先生与夫人 ×× 女士到寿椅上就座。

起乐、鸣炮。

夫妻本是同林鸟，百年恩爱情意长。掌声有请伯母致贺辞并献花。

寿星夫人 ×× 女士上场献花致贺辞：

尊敬的各位来宾，亲朋好友，让我们共同举杯，祝愿 ×× 先生健康长寿，福如东海，寿比南山。

美好的时光，美好的心情，伴随着悦耳动听的音乐和欢声笑语，祝愿各位来宾的好运常在，幸福永相随！我代表 ×× 先生，送给你们最美丽的祝福和希望！

今天的生日聚会将使我终生难忘。现在正值秋天，窗外枫叶红遍，屋里欢声笑语。愿我们的友谊与血肉之情，永远像今天大厅里的气氛一样，炽热、真诚！

请寿星的孙儿孙女们 ××、××，代表全家向寿星献花。

请寿星的子女们、孙儿孙女们奉上这充满喜庆、祝福，象征着团圆甜蜜、吉祥长寿的生日蛋糕。

现在，让我们全体起立，同唱《生日快乐》，共同祝愿寿星生日快乐！在这温馨的时刻，请寿星在大家共同的祝福下，许一个美好的心愿。

接下来，请寿星的孝子贤孙给寿星拜寿。

一拜：天大地大，不如父母的养育之恩大。

二拜：河深海深，不如父母的教诲之情深。

三拜：千好万好，不如兄弟姐妹手足情好。

各位亲朋好友、各位贤惠的女士、各位美丽的小姐、各位尊贵的先生：

现在，我们向寿星献爱心的时刻到了，请你慷慨奉献，留下你最诚挚的祝福，留下你最珍贵的爱心。有道是：千里送鸿毛，礼轻情义重。下面，请来宾向寿星赠礼物。

人生难得是聚会，请摄像师拍下这珍贵的、难忘的幸福时刻。

欢声笑语，促膝儿女子孙。把盏衷肠，亲朋祝酒字字香。年逾稀有，庆典情浓于酒。温馨祝福，烂漫欢歌满户庭。

让我们用最热烈的掌声祝福寿星年年有今日，岁岁有今朝。也祝福在座的各位身体健康，万事如意!

为感谢各位来宾的盛情，主人准备了丰盛的宴席，下面请大家入席。

60 岁大寿主持辞

各位嘉宾、各位亲朋好友，女士们、先生们：

大家好!

今夜的星空，无比灿烂；今夜的晚风，吹拂笑脸。今天是公元 ×××× 年 × 月 × 日，农历 × 月 ×。在这美好的日子里，我们欢聚在贵宾楼大酒店，共同庆祝 ×× 老人六十大寿。

首先，让我们所有的来宾朋友以热烈的掌声祝福 ×× 老人生日快乐，天天快乐，祝老人家寿比南山不老松，福如东海长流水!

接下来，让我们以热烈的掌声有请 ×× 女士及其老伴 ×× 先生隆重登场。

在这里，我首先代表 ×× 女士和老伴 ×× 先生，以及他们的子女，向各位嘉宾、各位亲朋好友的到来表示热烈的欢迎和诚挚的问候。

朋友们，60 年前的今天，在 ×× 一户普通的工人家庭里，诞生了一个平凡而又伟大的生命，也就是我们今天的寿星 ×× 老人。说她平凡，是因为她一生没有做过什么惊天动地的大事，她和所有勤劳朴实的中国妇女一样，勤勤恳恳地工作，用柔弱的肩膀支持着自己的丈夫，并精心哺育着 × 个孩子，把他们养大成人。如今，儿女们都成为各自岗位上的优秀青年。不管他们从事什么样的职业，不管他们在什么岗位工作，他们都牢记母亲的谆谆教诲，勤奋工作，诚实做人。说她伟大，是因为她参加林业工作，今年才退休，在林业战线默默耕耘了 ×× 年，为祖国的林业建设作出了重要贡献。数不清的荒山荒坡上，流下了老人的汗水，长起了一片又一片绿色的希望。×× 老人将毕生的心血奉献给祖国的林业事业，并培养了如此优秀的儿女，让我们以热烈的掌声对她表示由衷的敬意！

下面有请老人的 × 个子女及其家庭逐一向老人拜寿。

(拜寿程序略)

下面有请老人的子女为老人点燃生日蜡烛！齐唱生日歌！

请老人在心里许下一个心愿，然后共同吹灭生日蜡烛。

今天，老人的子女在这里摆下了花甲盛宴，一来是感谢父母多年的养育之恩，二来也是答谢各位朋友多年来对他们的支持和帮助。

下面，有请嘉宾代表为老人献上深深的祝福。

今天也是 ×× 老人和老伴 ×× 先生结婚 ×× 年，请 ×× 先生讲几句。

……

月亮还在甜蜜地微笑，星星还在调皮地眨眼，夜深了，人醉了，让我们记住这个温馨难忘的夜晚，让我们把欢笑永远留给尊敬的老寿星 ×× 女士，祝各位心想事成，笑口常开！

×× 老人花甲庆典仪式到此结束，谢谢大家！

66 岁大寿宴会主持辞（节选）

尊敬的各位嘉宾、亲爱的各位朋友，女士们、先生们：

大家好！

今天是 ×× 年 × 月 × 日，农历 × 月 ×。在这喜气洋洋的时刻，我们迎来了 ×× 先生 66 岁寿诞庆典。×× 酒店高朋满座，宾客满堂，福气满满，万事圆圆。

在这里，我首先代表所有老同学、所有亲朋好友向老寿星 ×× 先生送上最真诚、最温馨的祝福，祝他福如东海，寿比南山，健康如意，福乐绵绵，笑口常开，益寿延年！

风风雨雨 66 年，阅尽人间沧桑，他一生中积累的最大财富是他那勤劳善良的朴素品格，他那宽厚待人的处世之道，他那严爱有加的朴实家风。这一切，伴随他经历了坎坷的岁月，为他迎来了今天晚年生活的幸福。

下面，请儿孙上前来向老寿星祝寿。(具体程序略)

点燃生日蜡烛，老寿星许愿。(略)

亲朋好友，喝寿酒，吃寿糕。(略)

女士们、先生们，夕阳无限好，黄昏情更浓。六六大顺，圆满人生。嘉宾旨酒，笑指青山来献寿。百岁平安，人共梅花老岁寒。今天，这里高朋满座，让寒冷的冬天有了春天般的温暖。最后让我们献上最衷心的祝愿，祝福老人家寿诞快乐，春晖永绽！祝福在座的所有来宾身体健康、工作顺利、阖家欢乐、万事如意！

请大家开怀畅饮，一醉方休！

70岁寿诞主持辞

各位来宾、各位亲朋好友：

大家好！

在这春回大地、欣欣向荣的季节，在这春光明媚、百花争艳的日子里，我们相约在××酒店，共同为××先生隆重庆贺七十大寿。

屋内张灯结彩，窗外鞭炮齐鸣，在这喜庆的时刻，让我们用最热烈的掌声祝贺××老人家寿比南山、福如东海！下面我宣布：祝寿仪式现在开始！

××老先生是一位和蔼善良的老人，有一个幸福美满的家庭，今天我们将在这里和他老人家一起度过一段幸福美好的时光，下面有请我们的老寿星，大家掌声欢迎！

喜庆的音乐奏起来，热烈的掌声响起来。

朋友们，今天是老寿星的七十大寿，我们的老寿星身体非常健康，他面色红润、精神矍铄，真是70岁的年纪，30岁的心啊！老寿星如此健康的体魄，与他身边这位相亲相爱了几十年的妻子——我们的××女士是分不开的。××女士是一位典型的贤妻良母，来，我们把热情的掌声送给默默奉献的××女士！

好，谢谢朋友们。今天是××先生七十大寿的好日子，下面，我们请老人家的孙辈把最真诚最美好的祝福融入鲜花中，献给我们的老寿星，愿老寿星以后的生活如鲜花一般绚烂！

（孙子上前给老寿星祝寿）

感谢两位孝顺的孙辈，谢谢！

两位老人养育儿女不容易，一辈子含辛茹苦，呕心沥血，今天，儿女事业有成，最高兴的莫过于两位老人，他们笑在脸上，乐在心里。此时此刻，在父亲的七十大寿庆典上，儿女们心潮澎湃，心中有千言万语想表达。接下来，有请老人的长子 ×× 先生代表所有的兄弟姐妹讲两句心里话。大家掌声欢迎！

（长子为父亲祝寿）

×× 先生古稀之年，儿孙满堂，洪福齐天，富贵满堂。

下面请大家起立，祝老人家晚年幸福，万寿无疆！谢谢大家，请坐。

现在，让我们用最热烈的掌声有请老寿星起驾入宴，同大家共进寿宴。寿宴结束后，由 ×× 市文化艺术团为大家表演精彩的文艺节目，请各位欣赏！

80 岁寿诞晚会主持辞

男：慈母手中线，游子身上衣，临行密密缝，意恐迟迟归，谁言寸草心，报得三春晖。

女：妈妈，今天是您 80 岁的生日，谢谢您给予我们生命，谢谢您把我们养大成人。今天各位亲朋好友从四面八方欢聚在这里——×× 大酒店，共同为您庆祝生日，祝您生日快乐，健康长寿！

男：各位亲朋好友、各位来宾，

女：大家晚上好。

男：火红的五月，花的海洋，康乃馨缓缓地绽放。

女：初夏的阳光，暖暖地照在身上，心田上开满紫丁香。

男：所有的话语和音乐从所有的山川和河流中穿行而过，在这样的一个季节，为母亲送上最真挚的祝福。

女：母爱绵长而悠远，无私付出中诉说着岁月的故事，这是心灵的梵音与自然的合奏。

男：亲情永恒，让我们放飞心灵，用最深的祝福和感恩的心为母亲唱起深情的歌。

女：下面我宣布，母亲80大寿庆典仪式正式开始！

首先，请大家以热烈的掌声欢迎在百忙之中前来参加庆典的来宾，他们是……

男：为了这次生日庆典，许多亲朋好友准备了精彩的节目。

女：母亲的絮叨，陪伴我们走过多少岁月的时光；母亲的絮叨，送给我们多少人生的哲理。让我们静下心来，再次感受母亲的絮叨声；让我们陪伴在母亲的身旁，静静地聆听母亲讲那过去的故事。请欣赏由××先生带来的诗朗诵……

男：人的嘴唇能发出的最甜美的字眼，就是“母亲”，最美好的呼喊，就是“妈妈”。接下来，有请××小姐献上歌曲……

女：谁言寸草心，报得三春晖。一篇篇的心语文字，一曲曲悠扬的歌曲，传递着最深的祝福心愿。

男：从呱呱坠地到长大成人，妈妈教会了我很多，现在妈妈又以她的言传身教，让我们懂得了什么叫孝顺。请欣赏《××》，演唱者××。

女：妈妈的吻，吻干了女儿脸上的泪花；妈妈的吻，甜蜜的吻，难忘的吻。接下来，请欣赏《××》，演唱者××。

男：岁月无痕，母爱无声。妈妈就是那黑夜中的一颗启明星，是那航行中的一道港湾，让我们随着××的深情朗诵，感受对母亲恩情的深深感激之情。

女：天下的妈妈都是一样的，天下的妈妈都用自己的双手无私地为儿女奉献着自己的一切，请听××送上的一曲……

男：多少话语，想对妈妈倾诉；多少心头的歌谣，要唱给妈妈听，请欣赏由××送上的……

（节目视具体情况而定，以下节目略）

女：感谢妈妈，是她为我们带来阳光、空气、花香、鸟语，感谢妈妈，是她为我们带来草的芬芳、水的碧绿。

男：窗外，一轮新月冉冉升起。妈妈，让我们为你唱一支心底的歌。

（全体合唱《生日快乐》歌）

女：母亲，是不管你走到天涯还是海角，不管阳光灿烂还是风雨飘摇，都给予你深情凝视和默默关心的人。

男：母亲，从十月怀胎到孩子蹒跚学步，从孩子咿呀学语到长大成才，倾注了多少心血。

女：母亲，是你用勤劳和智慧的双手，为儿女搭建了一个温暖幸福的家。

男：亲爱的妈妈，儿女们已经长大，可你的根根青丝已被染上了白霜，你曾经光洁的面庞已刻下深深的岁月痕迹。

女：母亲，在这个阳光下的五月，我们以真情为曲，以祝福为词，请您接受我们为您送上的这份特别的礼物。

男：在母爱面前，世间所有的言语都那么苍白。

女：对母爱的感恩，对母亲的牵挂，那份浓浓的情意，这样一个短短的夜晚怎够倾诉？那是贯穿我们每个人一生的情感。

男：让我们在今后的日子里，续写这份美丽。

女：晚会到此结束，感谢今晚的所有嘉宾和亲朋好友，你们的到来和参与让今夜的星空更加灿烂。

合：教子以德更教孙，泽及三代仰慈云，蟠桃果熟三千岁，紫竹寿添九百春。

亲爱的妈妈，我们祝福您生日快乐，身体健康，永远年轻，幸福一生！

同时，也把最美好的祝福送给在座的各位：一帆风顺，二龙腾飞，三羊开泰，四季平安，五福临门，六六大顺，七星高照，八方来财，九九同心，十全十美！

晚会到此结束，请朋友们入席。

（《祝酒歌》响起，来宾在欢乐的气氛中入席）

90岁寿诞庆典主持辞

尊敬的老寿星××先生，尊敬的各位来宾、亲朋好友们：

大家好！

人生七十古来稀，九十高寿是福气；与人为善心胸宽，知足常乐顺自然！

今天是××××年×月×日，农历×月×。在这个喜庆祥和的日子里，我们迎来了××老人90岁的寿辰。

值此欢庆之际，各位亲朋好友前来祝寿，使老寿星的90大寿倍增光彩。在此，我谨代表老寿星及其子孙对各位的光临表示最热烈的欢迎和最衷心的感谢！

首先，请允许我介绍在座的各位亲朋好友和嘉宾。他们是……

此刻，福星高照满庭庆，寿诞生辉合家欢。能够担任今天寿诞庆典仪式的主持人，我感到非常荣幸。在此欢聚的美好时刻，请允许我代表所有来宾祝××老人家生日快乐，福与天地同在，寿与日月同辉！

老寿星把“清白做人，与世无争”作为人生的座右铭。他当过××、××、××等，但不管干哪一行，他待人总是亲亲热热，说话和和气气，靠信誉生财，凭良心致富！

老先生还经常扶贫济困，帮助四邻；他尊老爱幼，重亲情，讲友情，与老亲故友保持来往，老先生的美名传遍十里八乡。

××老先生虽然只读过几年书，但他一生以读书为乐，更以书中的警句名言勉励子孙耿直做人、勤奋学习、努力工作、贡献社会。

在这高寿庆典之际，在这温馨的时刻，让我们怀着浓浓的情意，向老人献上一份美好的祝愿。首先请××老人的儿女致辞。

（致辞略）

接下来，请孙辈们致辞。

（致辞略）

请××先生代表来宾为老寿星致贺寿辞！

（致辞略）

今天，在欢庆老寿星90华诞之际，他远在××以及××、××和××等地的子孙后辈，有的写信、有的致电……都用不同的方式祝福他老人家：福如东海长流水，寿比南山不老松！

下面，进行献寿礼仪式。

寿礼敬献完毕，请儿孙为老寿星点燃生日蜡烛，共唱生日歌。

让我们共同祝愿××老人永远幸福，永远快乐，一年更比一年好！

下面，请大家品尝生日蛋糕，感受生活的甜蜜与芬芳，无限的幸福与快乐在每个人的心头荡漾。愿我们年年有今日，岁岁有今朝。再一次祝××老人快乐永驻，福寿绵长！

美好的祝福声中，让我们大家一起吃长寿面。祝福××老人福禄寿三星高照，健康长寿，晚年幸福。同时，祝在座的各位年年岁岁开心，岁岁年年幸福！

××老人90岁寿诞庆典仪式，到此礼成，谢谢各位的光临，让我们期待明年再相聚！

百岁寿辰祝寿辞

时值九月，金风送爽，天朗气清，菊花飘香。

人瑞之寿，松鹤吉祥。四方亲友，欢聚一堂。

尊敬的各位嘉宾，女士们、先生们，大家好！

今天是××××年×月×日，我们在此欢聚，恭祝××老先生百岁大寿。

喜气绕宅生，瑞霭罩华堂。祥云笼烟树，华气飘山庄。

××老先生可谓阅尽人间沧桑，饱览人间大小文章。老先生生性质朴，为人善良，居家贤孝皆称颂，处事公正共赞扬。一生勤劳务农事，精耕细作麦禾香。春耕夏耘，含辛茹苦，秋收冬藏，四季辛忙。老先生勤俭持家，家道兴旺，邻里和睦，帮亲济友，德高望重，十里八乡赞慈祥。耕读传家，孙辈个个成才，书香门第，儿女人人争光。四里八邻，人人称赞老人厚道，千家万户，各个传诵老人善良。邙山巍巍颂功德，洛水潺潺贺韶光。和睦家庭百事顺，善良老人福寿长。

喜今日 ×× 老先生百岁华诞，真是花甲又添四十岁月，古稀更添三十春光，南极星辉，光照寰宇，彭祖含笑，喜满华堂。自古道寿登期颐，喜称人瑞，年到百岁，松青鹤唱。

贤孙七人，各个贤孝，老人笑口常开，重孙成群，个个聪明，老人心情舒畅。吉星高照，五世同堂。真可喜蟠桃三千仙翁献果，百岁高龄椿庭增光。

全家庆高寿喜在心间笑上眉梢。亲友贺松龄，欢声笑语，亲情满山庄。

会当绝顶，一览众山，百岁妙淡清风正气浩。

天垂江月，万山朗雪，百岁梅花依然傲群芳。

来，大家举起这杯酒，恭祝 × 老长寿健康，福祉无疆，青松不老，家运兴旺！

特定人物生日致辞

父母生日致辞

尊敬的各位长辈、各位亲朋好友：

大家好！

春秋迭易，岁月轮回，当新春迈着轻盈的脚步向我们款款走来的时候，我们高兴地迎来了敬爱的父亲（母亲）××岁的生日。今天，我们欢聚一堂，举行父亲（母亲）××华诞庆典。这里，我代表我们兄弟姐妹和我们的子女们大小共××人，对所有光临寒舍参加我们父亲（母亲）寿礼的各位长辈和亲朋好友，表示热烈的欢迎和衷心的感谢！

我们的父亲（母亲）××年含辛茹苦、勤俭持家，把我们一个个拉扯长大。在今天这个喜庆的日子里，我们首先要说的就是，衷心感谢二老的养育之恩！

……

我们相信，在我们兄弟姐妹的共同努力下，我们的家业会蒸蒸日上，兴盛繁荣！我们的父母会健康长寿，老有所养，老有所乐！

最后，再次感谢各位长辈、亲朋好友的光临！

再次祝愿父亲（母亲）晚年幸福，身体健康，长寿无疆！干杯！

恩师寿宴致辞

各位领导，各位同学：

今天，我们欢聚一堂，庆贺恩师健康长寿，畅谈离情别绪，互勉事业腾飞，这一美好的时光，将永远留在我们的记忆里。

现在，我提议，首先向老师敬上三杯酒。第一杯酒，祝贺老师华诞喜庆；第二杯酒，感谢老师恩深情重；第三杯酒，祝愿老师百岁高龄！

一位作家说得好："在所有的称呼中，有两个最闪光、最动情的称呼：一个是母亲，一个是老师。老师的生命是一团火，老师的生活是一曲歌，老师的事业是一首诗。"那么，我们的恩师的生命，更是一团燃烧的火、一曲雄壮的歌、一首优美的诗。

老师在人生的旅程上，风风雨雨，历经沧桑 ×× 载，他的生命，不但在血气方刚时喷焰闪光，而且在壮志暮年中流光溢彩。老师的一生，视名利淡如水，看事业重如山。

……

回想——恩师当年 ×× 播春雨，喜看——桃李今朝九州竞妍丽。

最后，衷心地祝愿恩师增福增寿增富贵，添光添彩添吉祥！干杯！

领导生日致辞

各位朋友、各位来宾：

大家好！

今天是 ×× 先生的生日庆典，我为受邀参加这一盛会而深感荣幸。在此，请允许我代表 ×× 并以我个人的名义，向 ×× 先生致以最衷心的祝福！

×× 先生是我们 ×× 公司的重要领导核心之一。他对本公司的无私奉献我们有目共睹，他"有了小家不忘大家"的真诚与热情，更是多次打动我们。

……

他对事业的执著令同龄人为之感叹，他的事业有成更令同龄人为之骄傲。

在此，我们祝愿他青春常在，永远年轻！更希望看到他在步入金秋之后，傲霜斗雪，流光溢彩！

人海茫茫，我们只是沧海一粟，由陌路到朋友，由相遇到相知，这难道不是缘分吗？路漫漫，岁悠悠，世上没有什么比这更珍贵的，我真诚地希望我们能永远守住这份珍贵。

在此，请大家举杯，让我们共同为 ×× 先生的 ×× 华诞干杯！

爱人生日致辞

各位亲朋好友：

晚上好！

非常感谢大家参加我太太的生日宴会！大家提议让我讲几句，那我就讲几句，其实没什么可讲的，你们从我一脸的灿烂就可以看出我内心的幸福。现在，请大家容许我对我亲爱的太太说上几句。

老婆，你“抱怨”我不懂浪漫，其实我看得出来你满心欢喜。你说只要我有这份心，你就很开心。

我们曾是那样充满朝气，带着爱情和信任走入婚姻，我要感谢你，给了我现在拥有的一切——世上唯一的爱和我所依恋的温馨小家！很多人说，再热烈如火的爱情，经过几年之后也会慢慢消逝，但我们像傻瓜一样执著地坚守着彼此的爱情，我们当初勾小指许下的约定，现在都一一实现了。

今生注定我是你的唯一，你是我的至爱，因为我们是知心爱人，让我们携手一起漫步人生路，一起慢慢变老。爱你永不变！

同时，也真心地祝愿各位爱情温馨甜蜜，事业如日中天！干杯！

朋友生日致辞

各位来宾、亲爱的朋友：

晚上好！

踏着金色的阳光，伴着优美的旋律，我们迎来了 ×× 先生的生日，在这里我谨代表各位好友祝 ×× 先生生日快乐，幸福永远！

烛光辉映着我们的笑脸，歌声荡漾着我们的心潮。在这个世界上，人不可以没有父母，同样也不可以没有朋友。没有朋友的生活犹如一杯没有加糖的咖啡，苦涩难咽；没有朋友，生活将变得寂寞难耐，没有乐趣，无法焕发出真正的风采。

朋友是我们站在窗前欣赏冬日飘雪时手中捧着的一盏热茶；朋友是我们走在夏日大雨滂沱中时手里撑着的一把雨伞；朋友是春日来临时吹开我们心中郁闷的一丝微风；朋友是收获季节里我们陶醉在秋日私语中的一杯美酒……

来吧，朋友们！让我们端起芬芳醉人的美酒，为 ×× 先生祝福！祝你事业正当午，身体壮如虎，金钱不胜数，干活不辛苦，悠闲像老鼠，浪漫似乐谱，快乐非你莫属！干杯！

公司员工生日主持辞

男：尊敬的各位领导、各位来宾！

女：× 月份生日的兄弟姐妹们！

合：大家晚上好！

男：人逢喜事精神倍爽！

女：五福临门喜气洋洋！

男：时光荏苒，岁月如梭。弹指之间我们 ×× 公司已经走过了风雨兼程的 ×× 年。

女：×× 年来，团结的 ×× 人以“敢为天下先”的精神，披星戴月、义无反顾，历经一次接一次的挑战，收获一个又一个的辉煌！

男：在这个温馨的大家庭里，公司总是以各种各样的形式为员工过生日，让员工感受集体的温暖和公司领导的亲切关怀，今天晚上 × 月份生日的朋友将会和全体员工度过一个难忘的生日之夜。

女：公司的生产旺季已经到来，生产线上个个忙得不亦乐乎，我们 ×× 的销售市场业绩斐然，这预示着公司又将收获累累硕果。

男：月圆家圆人圆事圆团团圆圆，国和家和人和事和和和美美！值此中秋佳节到来之际，预祝来自五湖四海的兄弟姐妹度过美好的中秋之夜！

女：庆祝祖国的生日、×× 公司 ×× 周年的生日、× 月份员工的生日，庆贺公司生产旺季的到来，迎接中秋佳节！真可谓是“五福临门”！

男：今夜这里张灯结彩、喜气洋洋，举国同庆，庆的是国泰民安，庆的是我们 ×× 事业蒸蒸日上！

女：×× 中国制造中心 ×× 基地“今天是您的生日”文艺晚会。

合：现在开始！

男：首先介绍出席晚会的领导，他们是……

女：让我们以热烈的掌声欢迎各位领导和嘉宾的到来！

男：下面有请集团领导 ×× 讲话……

女：感谢 ×× 热情洋溢的讲话！今天晚上公司不但为大家准备了一场精彩的文化盛宴，还为大家准备了美味的佳肴，那么下面就让我们一起来分享吧！

（节目一一演出）

男：快乐的时光总是过得很快，三个小时的精彩演出让我们共同度过了一个祥和欢乐的夜晚！

女：演员们的精彩表演，让我们徜徉在欢歌笑语中。通过演出，台上台下的互动，我们感受到了大家的团结、进取！

男：我们怀着感激的心情欢聚在一起，共庆丰收的硕果，共享成功的喜悦，共同祝福祖国美好的明天、祝福 ×× 公司辉煌的明天！

女：×× 年风雨兼程，×× 载光辉岁月。在即将迎来祖国 ×× 岁华诞之际，我们共同祝愿祖国繁荣富强，祝愿全国人民幸福平安！

男：回首 ×× 公司 ×× 年的光辉历程，展望更加灿烂的明天，挑战与机遇并存，困难与希望同在！在 ×× 公司 ×× 岁生日之际，我们共同祝愿 ×× 事业重塑辉煌、蒸蒸日上，成为全国最有影响力的企业！

女：尊敬的领导、各位来宾、亲爱的朋友们，“今天是您的生日”文艺晚会到此结束，让我们下次再会！

男：感谢各位领导、各位嘉宾的光临，感谢各位台前幕后的工作人员，感谢各位表演者的精彩演出！再见！

女：再见！

同学生日聚会主持辞

（晚上 8 点整，背景音乐，晚会开始）

男：尊敬的老师、亲爱的同学们，大家晚上好！

今天我们欢聚在 ×× 大饭店，共同祝贺我们的老同学 ×× 先生 ×× 岁生日。首先，我代表寿星及其全家向远道而来的老师、同学们表示热烈的欢迎和真诚的感谢！同时我也代表 ×× 级全体同学和朋友们向寿星表示最真挚的祝福：祝 ×× 同学生日快乐、万事如意！

女：愿我们虔诚的祝福，带给你成功的一年。在这个祥和、喜悦的生辰纪念日，让我们衷心地说一声：谢谢你给我们带来那么多快乐，谢谢你对老师、同学、朋友的一片真心。梦境会褪色，繁花也会凋零，但你曾拥有过的，将伴你永存。花絮飘香，细雨寄情，在这花雨的季节里，绽放出无尽的希望，衷心祝福你梦想成真！

男：愿你的生命里，满园生香。淡雅温馨的夜里，深深地祝福寿星——我们的老同学 ×× 先生开心永远，平安如意。艳丽的鲜花，闪烁的烛光，敬祝你生日快乐，永远年轻！把祝福串成一首诗，串成一曲旋律，开创一片温馨的心灵绿地，让美丽的夜色来到我们中间，让温馨的祝福，送至你的心间！

女：今晚，是一个不眠的夜晚；今晚，是一个欢呼的夜晚。×× 大饭店的朋友们，我们一起用微笑欢度这个欢快的夜晚。同学、朋友的祝福，如朵朵小花开放在温馨的季节里，为你点缀欢乐四溢的佳节。让这温馨的气息、恬静的氛围编织你快乐的生活：愿你幸福永远，祝你生日快乐！

（老师和同学代表致辞、寿星答谢辞）

男：因为你的降临，这一天，成了一个美丽的日子，从此世界便多了一抹诱人的色彩。

女：在生日到来的今天，愿所有的欢乐和喜悦，不断涌向你的窗前。

男：今晚有了你，×× 大饭店更加光彩；今晚有了你，星空更加灿烂；今晚因为你，×× 大饭店更加温暖，更加祥和。愿清晨曙光初现，幸福在你身边；中午艳阳高照，微笑在你心间；傍晚日落西山，欢乐在你旁边。

也祝在座的各位一帆风顺，二龙腾飞，三羊开泰，四季平安，五福临门，六六大顺，七星高照，八方来财，九九同心，十全十美。让我们再次祝福我们的老同学 ×× 先生生日快乐!

今天的晚会到此结束，谢谢各位的光临!

常用生日庆典主持辞及致辞名句

九如之颂　　松柏常青　　福如东海　　寿比南山
南山献颂　　日月长明　　祝无量寿　　鹤寿添寿
福禄双星　　日月偕老　　天上双星　　双星并辉
松柏同春　　华堂偕老　　桃开连理　　举案齐眉
鹤寿同添　　寿域同登　　椿萱并茂　　家中全福
天上双星　　东海之寿　　南山之寿　　河山同寿
南山同寿　　天保九如　　如日之升　　海屋添寿
天赐遐龄　　寿比松龄　　寿富康宁　　王母长生
福海寿山　　北堂萱茂　　慈竹风和　　星辉宝婺

福如东海长流水，寿比南山不老松。

松龄长岁月蟠桃捧日三千岁，鹤语寄春秋古柏参天四十围。

愿献南山寿年齐大衍经纶富，先开北海樽学到知非德器纯。

绿琪千岁树杖朝步履春秋永，明月一池莲钓渭丝纶日月长。

寿考征宏福闲雅鹿裘人生三乐，文明享大年逍遥鸠杖天保九如。

燕桂谢兰年经半甲上寿期颐庄椿不老，
桑弧蓬矢志在四方君子福履洪范斯陈。

瑶池春不老，设悦遇芳辰，百岁期颐刚一半，
寿域日开祥，称觞有菜子，九畴福寿已双全。

玉树盈阶秀

玉树阶前，荣衣兢舞，金萱映日荣，

金萱堂上，花甲初周，范陈九五福。

桃熟三千年

贤淑七旬人，经几度七二风光，现出麻姑仙草，

导引三摩地，应独有三千岁月，结成王母蟠桃。

第四章 节日庆典

主持辞及典型致辞

节日主持辞有简约型和书面型两种，简约型多用一两句精粹的语言来表达自己美好的祝愿，多为相应的诗句。书面型则表现为文章式，由标题、称呼、正文和祝愿语等几部分组成。

称呼用泛称为多，应根据出席者的身份来定，如"女士们，先生们"、"各位嘉宾，各位亲朋好友"等。为了表示亲切和热情，可在称呼前面加上"亲爱的"、"尊敬的"等修饰语。

正文一般包括以下几个内容：表明自己的身份或者代表谁致辞；欢迎来宾，并致以节日的问候和祝贺；说明庆祝的节日，聚会的原因等；对未来提出希望；最后是祝愿，再次对在座的来宾表示祝贺。综观节日主持辞和致辞，总而言之，都是为了表示喜庆和人们欢度节日的愉悦之情。

节日里充满了喜庆的气氛，在这愉悦轻松的环境里，主持辞和致辞都应该语言简练，言简意赅，情感丰富，切不可拖沓啰嗦。

阳历节日主持辞

万象更新贺元旦

尊敬的各位领导、各位来宾：

大家好！

新春新气象，新年新心情。

告别成绩斐然的 ××，迎来了充满希望的 ××。值此新春到来之际，我谨代表集团董事局，向全体员工的努力进取和勤奋工作、投资者给予公司的真诚信赖、中外客户的热情支持致以深深的谢意！祝大家在新的一年里身体健康、万事如意！

今天，我们相约在这里，享受缘分带给我们的欢乐，享受这段美好时光。

今天，我们相聚在这里，一起感受真情，用爱融化冰雪。

今天，我们相聚在这里，敞开你的心扉，释放你的激情。

今天，我们相聚在这里，这里将成为欢乐的海洋，让快乐响彻云霄！

在过去的一年里，通过全体员工的共同努力，我们 ×× 集团先后在合资、夺得开发权、进军新产业等方面取得了重大突破，集团各项指标比往年都有较大幅度的增长，员工的收入水平和去年相比也上了一个新台阶……

这些成绩表明，我们公司的决策是正确的，战略是准确而清晰的。同时，对此作出最大贡献的就是全体员工的不懈努力。

……

新的一年，我们有许多事情要做，有许多任务要完成，对我们来讲，是机遇和挑战并存的一年。

听！春天敲起了战鼓，新年吹响了号角！我们把愿望写在今天，听事业的号声响起，和祖国一起在明天的跑道上冲刺！

走过的是岁月，敲响的是钟声，留下的是故事，带来的是希望。

这是分享快乐的时刻，是希望与梦想成真的时刻，祝大家，元旦快乐！

让我们把祝福和希望，放在将融的雪被下。让它们，随着春天的秧苗生长，一节节，浸满馨香，送给在座的每一位，满年的丰硕与芬芳！

××××年元旦晚会到此结束，祝大家节日快乐，心想事成！

妇女能顶半边天——三八妇女节庆典致辞

同志们：

大家好！

春回大地、万象更新。今天我们在此隆重集会，共同纪念三八妇女节××周年。借此机会，我代表××领导班子向与会的全体同志致以节日的问候，并向支持你们工作的家人表示衷心的感谢！今天，还有几位同志没能来到我们现场，此时她们坚守在自己的工作岗位上，让我们共同向她们表示诚挚的祝福！

××××年，在市委的正确领导和家属的大力支持下，我们用科学发展观统领中心工作，不断强化行业管理，取得了骄人的成绩……

回首一年来我们所走过的不平凡路程，所有女士在各自的工作岗位上兢兢业业、无私奉献。在××建设进程中涌现出了许多先进集体和先进个人，巾帼不让须眉，在平凡的岗位上作出了不平凡的业绩。此时此刻，面对一年来取得的成绩，面对在座的同志，我最想说的是：感谢你们，你们辛苦了！

新世纪的女性是世界舞台的主角。所以，你们要敢于竞争、善于竞争，认真地工作、创造性地工作，相信一定会比男性干得更漂亮、更出色！愿我们公司的每一位女性都成为“巾帼不让须眉”的杰出代表！

回顾过去，我们备感欣慰；展望未来，我们任重道远。

××××年，我希望在座的各位一定要精诚团结、奋发进取，认真学习专业知识，不断提高自身素质，向社会充分展示我们良好的精神风貌，塑造我们良好的服务品牌，为全面完成××××年度各项工作，作出新的贡献。

最后我提议：让我们共同举杯，祝愿我们所有的女性工作顺利，笑口常开，万事如意，青春永驻！

清明辞中寄哀思

（清明节，纪念碑前）

男：今天是清明节，我们站在庄严肃穆的烈士纪念碑前。

女：天空垂泪，松涛呜咽。

男：历史永远记得他们，中华共和国永远记得他们，人民永远记得他们。

女：记得那些为了祖国的解放事业和人民幸福生活长眠于地下的革命先烈们。

男：近百年黑暗与屈辱的历史，使人民陷入水深火热的深渊。

男：为了改变这一切，多少仁人志士在苦苦探索与奋斗中含恨而去。

男：今天，我们在这里以革命的名义追忆过去。

女：以祖国各项事业日新月异的建设现实来告慰英魂。

男：下面，请奏哀乐，全体默哀三分钟。

男：松涛阵阵，那仿佛是先烈们发出了欣慰的笑声。先烈们，如果你们在天有灵，就请你们看一看你们用鲜血浇灌出的美丽的鲜花吧！

（学生代表向烈士纪念碑敬献花束）

男：有形的纪念碑可能会垮掉，但人们心里的纪念碑却永远屹立。

女：历史刻在石头上的文字可以随时间的流逝而渐渐消失，但刻在人们头脑中的记忆却永远清晰。

（同学讲述烈士的英雄事迹）

男：前辈流血牺牲，仅仅是为了让我们拥有一片晴空，呼吸自由的空气，欣赏这美丽的鲜花吗？

女：不，他们希望受过深重灾难的祖国在我们的继续努力中变得强盛兴旺。

男：如果说昨天我们还是不懂事的孩子，那么今天我们要意识到我们肩上也担负着沉重的担子，因为，我们已经18岁了。

(学生演讲)

女：18岁，像鲜花一般美好，像黄金一般珍贵。

男：18岁不单单是人生旅途的一个站点，更是一个转折点。

女：18岁我们的肩上将挑起——

男：建设祖国，保卫祖国的重担。

女：18岁我们的双手将托起——

男：21世纪希望的太阳。

女：历史将革命的接力棒传给了我们这一代人。

男：今天，我们以革命事业接班人的名义承诺……

合：全体宣誓：我以一个中华人民共和国公民的名义面对国旗庄严宣誓：捍卫神圣宪法，维护法律尊严，履行公民义务，承担社会道义，国家昌盛为先，人民利益至上，热心公益，奉献社会，无愧祖国培育，勤勉自励，奋发有为，不负长辈厚望，以我壮志，创造崭新未来，以我青春，建设锦绣中华。

女：虽然我们已经成人，但我们的肩膀还是有些稚嫩。

男：我们应像蜜蜂一样，在知识中汲取力量。

女：我们能有今天的成长，离不开老师和家长的精心培养。

男：下面请校长讲话。

(校长讲话)

女：孩子是祖国的希望，民族的希望，未来的希望，家长的希望。下面我们请家长委员会代表讲话。

(家长代表谈对孩子健康成长的希望)

男：先辈们，你们祈盼的幼鸟羽翼已日渐丰满。

女：我们将把重担挑上逐渐成熟的肩膀。

男：未来的社会需要我们建设。

女：21世纪在向我们召唤。

合：我们将用勤劳和智慧去开创明天！

男：我们要努力学习科学文化知识，摘取科学王冠上的明珠。

女：我们要强化自己的公民意识，努力成为老一辈革命家所期望的“四有”新人。

合：我们要让先烈的鲜血染红的旗帜永远飘扬在祖国的蓝天！

全体同学：以我热血青春，创造祖国美好明天。

女：请听共青团之歌——《光荣啊，中国共青团》。

男：清明节纪念革命先烈活动到此结束。列队回校。

热火朝天庆“五一”

各位员工、各位来宾：

大家好！今晚，我们欢聚在这里，热烈庆祝“五一”国际劳动节。首先，我代表××集团公司董事会向全体员工和青年朋友，致以节日的问候和诚挚的谢意！

我想大家现在的心情一定十分激动，××集团从小到大、由弱到强的发展历程，离不开每一位员工的辛勤劳动；集团的每一个进步、每一次成长，都凝结着全体员工的智慧、心血和汗水。

今天，我很欣慰，因为我们拥有一支优良的团队，为了本次晚会，各部门在百忙中积极组织，广大员工踊跃参加，热情很高。我们公司的党、工、团、女工委组织举办这次文艺晚会，丰富了广大员工的文化生活，提升了××企业文化内涵，展示了员工们的个性特长。今后，类似这样的文体活动，我们还要经常开展，这也是落实科学发展观的具体体现，以此推动企业可持续、和谐、健康地发展。

当然，成功只能代表过去，面对未来我们要信心百倍。

同志们，让我们继续发扬“五一”自强不息、团结拼搏的精神，携手并肩，同舟共济，鼓足干劲，向着更高更远的目标奋进！××的明天一定会更加美好！

最后，让我们共同举杯，预祝晚会圆满成功！也祝在场的各位身体健康，万事如意！谢谢大家！

“五四”青年共奋进

青年朋友们、同志们：

今天，我们在这里隆重召开 ×× 省纪念五四运动表彰大会，这对青年们继承和发扬“五四”精神，进一步把爱国主义精神转化为投身改革开放和现代化建设的自觉行动具有重要的现实意义。

在此，我谨代表省委、省人大、省政府、省政协、省纪委向全省的青年朋友们致以亲切的问候，同时向今天受表彰的先进集体和个人以及党建带团建先进集体和个人表示最热烈的祝贺！

在过去的一年里，全省广大团员青年在各级团组织的带领下，充分发挥生力军和突击队的作用，积极投身改革开放和现代化建设的伟大实践，在推进我省经济建设和社会发展上取得了杰出的成绩，作出了重要的贡献。

今年是新世纪的第 × 个年头。广大团员青年作为全省两个文明建设的生力军和突击队，更要认清自身使命之光荣、责任之重大、任务之艰巨，进一步发扬“五四”运动的光荣传统，在振兴 ×× 的伟大实践中成长进步，建功立业。

借此机会，我向广大团员青年提几点希望：希望你们……

同志们、青年朋友们，“五四”精神光耀千秋，影响了一代又一代青年，希望广大青年继承和发扬“五四”光荣传统，统一思想，坚定信心，开拓进取，扎实工作，为推动全省跨越式发展作出更大的贡献，在闪光的年华里创造无愧于伟大时代的骄人业绩！

朋友们，让我们一起举杯，为“五四”精神的发扬，为祖国的强盛，干杯！

欢天喜地过“六一”

男：弹去五月的风尘，迎接六月的阳光。

女：花儿沐浴着明媚的阳光，绽开笑脸，吐露芬芳。

男：小鸟在广阔的天空自由飞翔，它们的歌声清脆欢畅。

女：鲜红的队旗迎风飘扬，嘹亮的鼓号响彻 ×× 广场。

男：六月，是童年的摇篮；六月，是童年的梦乡；六月，是童年的太阳。

女：今天，我们在这里欢庆自己的节日——“六一”国际儿童节。

男：在这特殊的日子里，我们的心中充满感激。

女：感谢园丁们的辛勤培育，感谢在座的爷爷奶奶、叔叔阿姨。

男：感谢我们的爸爸妈妈，是他们赋予我们搏击长空、战胜困难的勇气。

女：我们代表全省 ×× 名少年儿童向你们汇报。

男：下面我宣布：×× 省 ×× 市庆祝“六一”国际儿童节文体演出——

合：现在开始!

女：下面请欣赏由 ×× 少年文艺团带来的精彩节目。

男：快乐和甜蜜与我们相伴，阳光洒满幸福的童年，请欣赏 ×× 幼儿园的小朋友们表演的……

女：作为跨世纪的接班人，我们始终牢记：练就强健体魄，建设强大祖国，请欣赏……

男：在这属于我们自己的日子里，我们要为祖国的昌盛奏响乐曲，高高举起星星火炬的旗帜，昂首阔步创造新世纪的辉煌。下面请 ×× 管弦乐队为大家带来精彩的演出。

女：今天我们在知识的海洋中徜徉，明天要像勇敢的海燕一样去搏击风浪，用我们的双手把祖国母亲建设得更加繁荣、更加富强。请欣赏舞蹈……

（以下节日略）

男：妈妈把我比作清晨晶莹的露珠。

女：在太阳的照耀下，露珠才会发出璀璨的光芒。

男：爸爸把我比作精致的小船。

女：在宽阔的海洋中，小船才能扬帆破浪。

男：我们深知自己是祖国的未来、民族的希望！

女：让我们为新世纪的 ×× 实现一个又一个光荣与梦想而努力拼搏。

女：×× 省 ×× 市庆祝“六一”国际儿童节文体演出到此结束，祝全体小朋友节日快乐，在快乐的阳光下幸福地成长。

男：同时也把最美好的祝福送给在座的各位领导、老师和家长，祝大家身体健康，万事如意！

母爱似海比海深——母亲节致辞

尊敬的各位来宾，各位朋友：

晚上好！

今天是我们每个人心目中神圣的节日——母亲节！在此，我们向各位母亲表示最诚挚的祝福！

世界上最美丽的声音，不是古典音乐，不是流行歌曲，而是母亲的呼唤。世界上最好的女性，便是我们慈爱的母亲。

×× 公司的事业，既是 ×× 人的事业，也是所有 ×× 人的母亲的事业，没有她们的大力相助，就没有 ×× 公司的今天。

在此，我感谢你们对 ×× 长期的奉献，并借此机会，向你们尊贵的母亲献上我的敬意和谢忱，感谢她们过去、今天和将来对你们及 ×× 事业的支持与期待。

让我们用美酒邀请岁月，祝母亲们永远年轻美丽、幸福安康！干杯！

父爱如山比山高——父亲节致辞

尊敬的爸爸妈妈、各位兄弟姐妹、各位来宾：

大家好！

今天是一年一度的父亲节，是个值得纪念的日子！我们在这里聚会，为我们的父亲母亲祝福，祝爸爸妈妈幸福安康，福寿无边！

俗话说："母爱深似海，父爱重如山。"据说，选定6月过父亲节是因为6月的阳光是一年之中最炽热的，象征了父亲给予子女的火热的爱。父爱如山，高大而巍峨；父爱如天，粗犷而深远；父爱是深邃的、伟大的、纯洁的、无私的。父亲像是一棵树，总是不言不语，却用他枝叶繁茂的坚实臂膀为树下的我们遮风挡雨、制造阴凉。不知不觉间我们已经长大，大树却渐渐老去，甚至新发的树叶也不再充满生机。每年6月的第三个星期日是父亲的节日，让我们由衷地说一声：爸爸，我爱你！

每一个父亲节，我都想祝您永远保持年轻时的激情和斗志！即使您白发日渐满额，步履日渐蹒跚，我也会拥有一个永远年轻的父亲！

让我们共同举杯，为父亲母亲健康长寿，干杯！

赤胆忠心颂“七一”

尊敬的各位领导、各位来宾，女士们、先生们：

大家好！

今天是××××年7月1日，我们欢聚在此，共同庆祝中国共产党第××个生日。

这是一个神圣的日子，这是一个光辉的时刻。

××××年的一个黎明，从南湖上的一艘红船驶来了最早的马克思主义。

他们的出现让中国革命放射出第一缕绚丽的曙光，中国革命从此有了正确的航向。

今天，中华人民共和国走过半个多世纪的风风雨雨，从失败走向胜利，从贫困走向富强。

这说明一个伟大的道理：只有中国共产党才能救中国，才能使中国走向繁荣！

下面，请大家欣赏由××文工团带来的精彩节目。

(节目1略)

是谁拨开了乌云，带走了黑暗？

是谁染绿了草原，照亮了大地？

是伟大、光荣、正确的党。

(节目2略)

这是一个令人激动的夜晚，

这是一个令人难忘的时刻。

每一位中国人都不会忘记！

×× 年前天安门城楼上的宣言，

一代伟人毛泽东主席带领中国人民，

走出了中华民族黎明的地平线。

（节目 3 略）

56 个民族，56 朵花，

56 个兄弟姐妹是一家。

各少数民族的兄弟姐妹在党的领导下，

用自己聪明的才智和勤劳的双手绘制着祖国秀美的蓝图。

（节目 4 略）

无论是在战乱年代还是在和平建设时期，

爱国主义永远都是一面最鲜艳的旗帜。

它是一个民族奋发图强、勇于探索的核心动力。

（节目 5 略）

此时，我们相聚在这里，光华闪烁，群心激荡。

此刻，我们相会在这里，展望未来，豪情满怀。

愿我们饱满的感情之河注入你 365 个日子！

愿我们纯真的祝福为你带来美丽的心情！

新中国成立 ×× 年来，中国人民在党的领导下，艰苦奋斗，奋发图强，

终于开辟出有中国特色的发展道路。

（节目 6 略）

世界在发展，中国也在发展。

在中国共产党的领导下，我们伟大的祖国必将更加繁荣昌盛！

亲爱的朋友们，“庆祝中国共产党第 ×× 个生日晚会”到此结束，祝在座的各位身体健康，笑口常开，工作顺利，万事如意！谢谢大家，再见！

军歌嘹亮唱建军——“八一”建军节主持辞

各位领导、同志们：

今天，我们欢聚一堂，热烈庆祝中国人民解放军建军 ×× 周年。首先，我代表 ×× 县委、县人大、县政府、县政协，向人民解放军驻洪部队全体指战员、武警官兵、预备役军人和广大民兵，致以节日的祝贺！向离退休军人、革命伤残军人、转业复退军人以及烈军属，表示诚挚的慰问！

几年来，全县上下紧紧围绕 ×× 这一主题，以科学发展观为指导，经济社会发展呈现出逐渐加快的良好势头，各方面工作全面进步，社会安定，军政军民团结更加巩固，拥军优属、拥政爱民工作再上新台阶。这些成绩和进步都包含着你们的辛勤汗水和无私奉献。在此，我代表全县 × 万人民向你们表示衷心的感谢！

目前，全县经济社会保持了持续、快速、健康、协调发展的良好势头，但是也面临着实现经济社会发展新跨越的艰巨任务。面对前进道路上的各种困难，特别是在危、难、险、急关头，广大军民风雨同舟，患难与共，遇危难而不惧，临险阻而共勉，为保护人民群众生命财产安全作出了重要贡献。实践证明，坚如磐石的军政军民团结是我们顶住压力、抗御风险、战胜困难、不断前进，并最终实现发展目标的重要法宝。

军民团结如一人，试看天下谁能敌！让我们同呼吸、共命运、心连心，继续为建设强大的人民军队和富裕、文明、开放的新 ×× 而努力奋斗！

现在，我提议：为了 ×× 的美好明天，为了各位的身体健康、万事如意，干杯！

芬芳桃李念师恩——教师节致辞

各位离退休的老领导、老前辈，老师们、同志们：

大家好！

在这硕果丰收的金秋时节，我们迎来了第 ×× 个教师节。今晚，我们欢聚一堂，共同庆祝大家的节日。在此，我谨代表学校领导，向辛勤耕耘在教育第一线上的老师们致以节日的问候和诚挚的祝福！

在过去的一年里，新时代的 ×× 在各位的共同努力下，继续高歌猛进、阔步向前。历时 × 年的老校改造，以先进的设计理念，把学校丰富的人文内涵和独特的艺术魅力表现得淋漓尽致，堪称老校改造的典范，为 ×× 未来的发展奠定了坚实的物质基础和深刻的文化内涵。

百年大计，教育为本。振兴民族的希望在教育，职业教育是教育的一个组成部分，肩负着培养高素质劳动者的重任。发展职业教育的号角已吹响，创办特色学校，构建和谐校园的目标已经明确，我们面对的是新的高度、新的目标、新的任务，我们要把过去的成绩当作新的起点，发扬执著、进取的精神，用我们的聪明才智共同把学校的办学水平推向一个新的高度！

几十年的春华秋实，散发出永久的芬芳。在大家的辛勤耕耘下，在老领导、老教师们的言传身教和率先垂范下，我们的教学取得了优异的成绩，有了显著的发展。

“乘风破浪会有时，直挂云帆济沧海”，让我们以敢立潮头的豪迈气概以及在一切艰难险阻面前勇敢执著、坚不可摧的刚毅品格，向更高的目标阔步迈进！

值此第 ×× 个教师节来临之际，向所有同人道一声珍重，说一声祝福！祝各位工作顺利、身体健康！

最后，让我们共同举杯，为 ×× 的发展，为老师们桃李满天下，干杯！

举国欢腾迎国庆

尊敬的女士们、先生们，亲爱的同志们、朋友们：

大家好！

金秋送爽，万里河山披锦绣。

丹桂飘香，一轮明月寄深情。

锣鼓喧天，欢庆季节的旋律；鞭炮齐鸣，燃放岁月的激情。秋风送爽，五谷飘香，大地流金，丰收在望。

我亲爱的祖国，十月，是你神圣而庄严的生日。走进这个日子，细数从我们手中流过的时光，在心底油然生出一种自豪崇敬之情。

×× 年激情岁月，×× 载春华秋实，伟大的中华人民共和国迎来了又一个华诞。今夜，×× 万群众欢庆，×× 中心胜友如云。在此，我谨代表 ×× 市人民政府，向全市人民和在我市工作的朋友们致以最亲切的问候！向所有关心和支持我们发展的同志们、朋友们，表示最诚挚的谢意！

新中国成立 ×× 年来，特别是改革开放以来，中国发生了历史性的巨变。在这新世纪的起步之年，中华民族迈开了实现伟大复兴的雄健步伐，神州大地充满生机。

我市处处呈现出欣欣向荣的景象，经济建设保持了良好的发展势头，人民生活进一步改善，科技、教育、文化、卫生等各项事业蓬勃发展。

沧桑巨变今胜昔，明珠熠熠耀前程。党中央要求我们率先全面建成小康社会，这是我们的光荣使命。我市人民要紧密团结在以胡锦涛同志为中心的党中央周围，高举邓小平理论和“三个代表”重要思想的伟大旗帜，全面贯彻党的十七大精神，求真务实，艰苦奋斗，开拓创新，服务全国，向着社会主义现代化国际大都市和国际金融、贸易、航运中心之一的宏伟目标迈进！

我们为祖国骄傲，我们为祖国自豪！请大家举杯：为庆祝中华人民共和国成立 ×× 周年，为祖国母亲的繁荣昌盛，为各位来宾和朋友的身体健康，生活幸福，干杯！

阴历节日主持辞

热热闹闹过春节

各位领导，各位来宾：

大家晚上好！

一元复始，万象更新。今天，我们满怀幸福，迎来了新的一年——× 年。

在这空气里写满了祝福、吉祥和如意的时刻，每个人的脸上都洋溢着喜气、财气和运气。

赶走一年的疲惫、艰辛和迷惑，收获新年的成功、希望和喜悦。

在缤纷的焰火和欢快的乐曲中，我们相约在这里，热热闹闹地迎接新年的到来！

新年的阳光洒在我们的身上，新年的春风吹拂着我们的脸，在这快乐而又难忘的时刻，在这烛光与微笑构成的舞台，在这笑声与歌声汇成的海洋，在这永恒与温馨筑就的圣地，我们欢聚在一起，共同迎接新年的曙光。

看，阳光灿烂，那是新年绚丽的色彩。

听，金钟朗朗，这是新年动人的旋律。

舞起醉人的红扇，我们从 ×× 湖畔走来；敲响震天的锣鼓，我们从 ×× 山下走来。

回顾历史，我们信心百倍。展望未来，我们豪情万丈。

下面，就让我们一起享受缘分给我们的快乐时光，让我们用心来感受最真诚的祝福。

祝在座的各位新春快乐!

我宣布:××××年××春节联欢晚会现在开始!

(节目略)

踏着青春的节拍,我们向春天走来,一路欢歌,一路笑语,万物在漫天风雪中欣然等待。

激扬着青春的风采,我们向春天走来,一路欢歌,一路笑语,万物在翘首期盼中安然抒怀。

走进春天,走进蓬勃的希望,每一颗青春的心都焕发出缤纷的色彩。

走进春天,走进时尚的动感地带,世界在我们眼前灿烂地舒展开来。

难忘今宵,让我们记住这样美丽迷人的夜晚,让我们一起带着希望与祝福走进春天。

祝在座的各位春节快乐,万事如意,身体健康,×年吉祥!

××春节联欢晚会到此结束,亲爱的朋友们,再见!

火树银花闹元宵

男:尊敬的各位领导、各位来宾!

女:亲爱的同志们、朋友们——

合:大家晚上好!

男:圆圆的月亮的脸,甜甜的鲜美的汤圆,又到了万家团圆闹元宵的时刻,××山下××河畔,洋溢着节日的喜悦,飘洒着浓浓的乡情。

女:冰雪消融,万物复苏,与时俱进的列车送走了硕果累累的×年,驶进了如诗如画的×年春天!

男:春天是太阳的微笑,是远航的风帆,是生命的象征。

女:在这美好的春天里,让我们与鲜花相伴,与希望同行。

男:东风夜放花千树,更吹落星如雨。宝马雕车香满路,凤箫声动,玉壶光转,一夜鱼龙舞。

女：蛾儿雪柳黄金缕，笑语盈盈暗香去。众里寻他千百度，蓦然回首，那人却在，灯火阑珊处。

男：古往今来，元宵之夜一派火树银花、踏月追歌的欢乐景象，辛弃疾的这首词将它真实地再现。

女：放游一盏盏五彩荷灯，曳动你心湖快乐的涟漪；敲一声声佳节的晚钟，让你感受我真挚的祝福。元宵快乐！

男：数万盏彩灯如星河飘落，使夜色中的 ×× 仿佛人间仙境；千姿百态的冰雕冰景似冬去春来，把宽广的大街装点得宛若五彩缤纷的世界，这便是天上人间！

女：飞红落霞之时，便是万众空巷之际。今晚，群山沸腾，湖水沸腾，×× 沸腾！

合：×× 年元宵大型焰火晚会现在开始！

男：整个晚会现场灯火辉煌，气氛热烈，欢声笑语，春意盎然！

女：应邀出席今天晚会的领导有……今晚，他们将和 ×× 人民一起观赏礼花月景，共度美好良宵。

男：此时此刻，让我们代表 × 万 ×× 人民，对各级领导、各位来宾和各界朋友的光临——

合：表示热烈的欢迎并致以节日的祝愿！

男：历史的航船穿越了新的千年，时代的巨笔画出了绚丽的春天。

女：日照香炉生紫烟，遥看瀑布挂前川。飞流直下三千尺，疑是银河落九天。朋友们，此时此刻，两道瀑布急流而下，汹涌澎湃，气势壮观，把我们的思绪带进黄河驿道，让我们为黄河母亲骄傲，为那涌动的生命喝彩！

男：啊！ ×× 春潮，你编织起我们心头的夙愿与梦想，你点燃了 ×× 人民内创一流、外争龙头的信念！

女：今天的 ×× 大地，人心向上，人心思进，到处莺歌燕舞，到处生机勃勃！

男：礼花怒放着深情，焰火映红了夜空。照亮了群山，沉醉了心扉。

女：×× 河畔热闹非凡，夜幕高天呈现出了火树银花的不夜城。

男：明月几时有？把酒问青天。不知天上宫阙，今夕是何年。我欲乘风归去，又恐琼楼玉宇，高处不胜寒。起舞弄清影，何似在人间。

女：一首流传千古的《水调歌头》，意境深远，情趣盎然，用它来形容今宵的鼎盛繁荣美景最恰当不过。

（中间节目略）

男：银烛影中明月下，相逢俱是踏灯人。今天，在这难忘迷人的元宵之夜，我们的爱就这样流向了宽广的长街和每一条小路。

女：年年岁岁花相似，岁岁焰火惹人醉。

男：用我们如火的热情煮一碗汤圆，温暖正月的心情；把我们的思念串成串挂在心空，点缀元宵夜的美梦！

女：你的祝福，我的祝福，我们大家的祝福，就这样在节日的夜晚编织成了一条多姿多彩的星河！

男：燃烧吧，一代 ×× 人心中腾起的礼花焰火！

女：努力吧，× 万 ×× 人民心中怒放的希望！

男：这响彻云宵的闪光鞭炮声，就是万马奔腾的催征的震撼，就是我们向美好明天发出的进军宣言！

女：这震撼心扉的闪光鞭炮声，就是走向辉煌的嘹亮号角，就是我们对 ×××× 年春天的礼赞！

合：今天的 ×× 人民，将永远无愧于伟大的时代！今天 ×× 人民，将以崭新的风貌，乘风破浪，勇往直前！

×××× 年元宵节焰火晚会到此结束，祝大家的生活像今晚的焰火一样灿烂，日子红红火火，幸福久久长长。亲爱的朋友们，再见！

生龙活虎庆端午

尊敬的各位领导、各位来宾、同志们、朋友们：

大家好！

盛夏五月，×× 大地流光溢彩，万象呈辉。在这惠风和畅、湖色旖旎的日子里，我们欢聚在这里，隆重地庆祝端午节的到来，我谨代表县委、县人大、县政府、县政协及 ×× 万 ×× 人民对前来参加这次活动的各位领导、各位来宾表示热烈的欢迎和衷心的感谢！

××是一个历史久远、文化璀璨、美丽富饶的地方。

……

这次端午节的庆祝活动是我县一次集旅游推介、文化交流、体育比赛为一体的盛会。办好这次活动对于加快三大战略实施，促进××开放，加强和推动××与外界的文化交流与经济技术合作，全方位展示××丰富的历史文化资源优势、灿烂的文化旅游优势和特色经济发展优势，提升××知名度，扩大对外吸引力，进一步加快经济社会各项事业全面发展有着十分重要的意义。

希望通过这次活动的举办让更多的人认识××，热爱××，走进××，投资××，让更多的信息、文化在活动中得以传播、交流，通过沟通增进友谊，通过沟通激发感知，真正把庆祝端午节的各种活动办成××展示风貌的窗口、对外交流的平台、加速发展的里程，真正为全县旅游产业的兴起壮大注入新的活力，以带动和促进全县经济的快速、健康发展。

最后，祝大家端午节快乐，身体健康，心想事成！

牛郎织女喜相会——七夕（节选）

男：七夕也就是农历七月初七，被誉为中国的情人节，也是中国传统节日中最具浪漫色彩的节日。

女：这一天和心爱的人在海边度过一个浪漫的夜晚，有明月为证，让浪花做伴，来表达彼此的深情厚谊。

男：农历七月初七的夜晚，天气温暖，草木飘香，也有人把七夕称为“乞巧节”或“女儿节”，过去姑娘们非常重视这个日子。

女：在晴朗的夏秋之夜，天上繁星闪耀，一道白茫茫的银河横贯南北，在河的东西两岸，各有一颗闪亮的星星，隔河相望，那就是牵牛星和织女星。

男：民间有个习俗，就是在七夕这天坐看牵牛织女星。相传，每年的这个夜晚，是天上织女与牛郎在鹊桥相会之时。织女是一个美丽聪明、心灵手巧的仙女，凡间的女子便在这一天晚上向她乞求智慧和巧艺，也向她求赐美满姻缘，这也是七月初七被称为乞巧节的原因。

女：传说，人们在七夕的夜晚，抬头可以看到牛郎织女在银河相会，或在瓜果架下可偷听到两人在天上相会时的脉脉情话。女孩子会在这个时候朝天祭拜，祈求上苍赋予她们聪慧以及美满的爱情。

男：过去婚姻对于女性来说是决定一生幸福的大事，所以，世间无数的有情男女都会在这个晚上夜深人静时刻，对着星空祈祷自己的姻缘美满。

女：……祝愿普天之下有情人都能结为眷属，过上幸福美满的生活！

团团圆圆聚中秋——中秋晚宴主持辞

各位来宾，同志们、朋友们：

大家晚上好！

人逢喜事精神爽，月到中秋分外明。又到了中国人传统的中秋佳节，我们在这里欢聚一堂，共叙友情，共庆佳节，心中充满了欢欣和喜悦。感谢大家多年来对 ×× 的付出与奉献，在此，我谨代表公司董事会向各位致以真挚的问候和诚挚的祝福！

虽然我们来自五湖四海，但 ×× 把我们聚集到了一起，是 ×× 的一草一木养育了我们。回首昨天，大家都曾为 ×× 的强大和发展付出过汗水和心血，你们的奉献，将永远在我们心中铭刻！

×× 年的锻造，使我们的团队更加精诚团结，使我们的员工更加尽职尽责。这些年来，在激烈的市场竞争中，我们的实力不断增强，我们的规模不断扩大……这一切无不昭示着一个强大集团的蓬勃朝气和生生不息的动力。

月是期盼，月是挂牵；月是幻想，月是浪漫；月是思念，月是圆满。

今夜，月圆如盘，没有残缺的遗憾。

今夜，月光如水，见证我们彼此的情谊。

今夜，月华如歌，唱响我们心中的激昂。

举杯邀明月，天涯共此时。

有你，我们高歌唱响希望；有你，我们将快乐分享；有你，所有的梦都在生长。

期待每一天的月圆，期待每一时的相聚，期待每一刻的欢畅，期待幸福美好的明天。

在这里，我再一次向各位道一声祝福，说一声平安，并向你们的亲人致以亲切的问候，祝大家中秋节快乐！

请大家举杯，为了我们的幸福生活，为了我们深厚的情谊，为了朋友们的健康快乐，也为了 ×× 公司辉煌灿烂的明天，干杯！

每逢重阳倍思亲

尊敬的各位老领导、同志们：

岁岁重阳，今又重阳。重阳节被定为老人节，是尊老、敬老、爱老、助老的节日。今天，我们与各位老领导、老同志欢聚一堂，共庆重阳佳节，感到由衷的高兴。在此，我谨代表区委办公室全体职工向你们表示节日的慰问，并致以崇高的敬意！

……

尊重老同志就是尊重党的历史，爱护老同志就是爱护党的财富。在老同志面前，我们永远是晚辈，永远是学生。

尊重和孝顺老人，是中华民族的传统美德，我们区委办公室历来就有尊老爱老的优良传统，我们一定会团结全体干部职工，重视老干部工作，继续按照“再苦不能苦老同志，再难也要从优照顾好老同志”的要求，喜老同志之所喜，忧老同志之所忧，更富有成效地做好老同志工作，在政治上关心老同志，在生活上照顾好老同志，真心实意地解决好各种实际困难，努力把为老同志服务的工作做得更细、更全、更好。

在此，衷心祝愿各位老领导、老同志晚年幸福，老有所乐，并继续为建设富裕文明、和谐安康的新 ×× 发挥余热，献计献策，作出新的贡献。

最后，受 ×× 副书记委托，我代表区委办公室全体干部职工，向各位老领导、老同志敬上一杯薄酒。祝各位老领导、老同志生活幸福，健康长寿！干杯！

文化风俗节主持辞

校园艺术节文艺会演主持辞

男：尊敬的各位领导、各位来宾！

女：敬爱的老师、亲爱的同学们！

合：大家上午好！

男：为了推动学校艺术教育的改革和发展，丰富同学们的课余文化生活，为了营造浓厚的校园文化艺术氛围，激发同学们对艺术的兴趣和爱好——

女：在这充满喜庆和欢悦的日子里，我们带着满腔的激情，迎来了 ×× 学校第 × 届 ×× 艺术节。

男：今天，各级领导、各位老师、各位家长朋友带着关怀与希望，与我们欢聚一堂。

女：让我们以最热烈的掌声向各位领导、各位来宾的到来表示欢迎，并向他们致以最诚挚的谢意！

男：让我们用热情的歌声抒发心中的情感！

女：让我们用优美的舞蹈表达童年的快乐！

男：放飞理想，放飞希望。×× 学校第 × 届艺术节文艺会演现在开始！

女：首先有请 ×× 学校的学生代表为本届艺术节献词。掌声有请他们。

男：非常感谢大家的精彩献词。校园的艺术是知识的升华，校园的生活是多彩的合奏。接下来请欣赏舞蹈……

女：童年是快乐的，童年是幸福的，童年更是美丽的。接下来请欣赏……

(节目根据具体情况而定，以下略)

男：尊敬的各位领导、各位来宾！

女：敬爱的老师、亲爱的同学们！

男：幸福的时光总是太短暂，美好的回忆总让人留恋。

女：×× 学校艺术节到这里就要接近尾声了。

男：让我们的歌声永远陪伴您！

女：让您的笑容在这里化为永恒！

男：我们坚信，有您的关爱，有您的期待——

女：我们坚信，有您的指导，有您的搀扶——

男：哪怕是长满荆棘的小路，我们也会开辟出鲜花盛开的大道！

女：让我们将艺术节的热情转化为学习的动力，用知识开启理想之门，用才干成就艺术人生！

男：放飞理想，放飞希望。×× 学校艺术节文艺汇报演出到此结束。

女：最后，请大家用最热烈的掌声庆祝 ×× 学校艺术节的圆满成功！

合：各位领导、老师、同学，再见！

艺术节闭幕式暨颁奖典礼主持辞

(灯光渐亮，音乐起，舞台上出现“×× 艺术节”立体徽标。男女主持人从上场门出场至司仪台)

男：各位领导，各位来宾，电视机前的观众朋友们——

合：大家晚上好！

女：当桂花像细雨一样纷纷坠落，当秋风轻轻掠过 ×× 湖面，第 × 届中国艺术节就要在这里 ×× 落下帷幕。

男：“×× 节”让 ×× 的舞台流光溢彩，让 ×× 大地到处燃起艺术的火焰。

女：今夜，“×× 节”让所有的艺术团聚在皎皎玉盘之下，为人民献上艺术的花朵，为共和国 ×× 华诞送上最深的祝福！

男：我们实现了自己的诺言，把艺术节办成了艺术的盛会，这是属于人民的节日。下面请第 × 届中国艺术节副主席、中共 ×× 省委书记、省人大常委会主任 ×× 先生致辞。

（致辞略）

女：第 × 届 ×× 艺术节从全国各地戏剧舞台上，遴选出 ×× 多部优秀剧目参加交流和竞赛，吸引了大量优秀群众文艺节目参加演出和竞赛，形成百戏汇流、百花争艳的局面。

男：本届艺术节还将两项政府大奖——×× 奖和 ×× 奖纳入艺术节评奖中，改革了文艺评奖机制，提高了艺术节的演出水平和观赏性。

女：经过 ×× 天的献演和角逐，经过专家评委的认真评选，最终产生了第 ×× 届 ×× 新剧目奖和 ×× 大奖。

男：现在，我们请第 ×× 届 ×× 奖评奖委员会主任，第 × 届中国艺术节组委会秘书长，文化部艺术司长 ×× 宣布荣获第 ×× 届 ×× 新剧目奖的剧目名单。

（宣布名单略）

女：下面请第 × 届 ×× 艺术节副主席、中共 ×× 省委副书记、省长 ×× 和第 × 届 ×× 艺术节组委会主任、文化部副部长 ×× 上台颁奖，请获奖代表上台领奖。

（颁奖略）

男：下面请第 × 届 ×× 艺术节组委会主任、中共 ×× 省委副书记 ×× 和第 × 届 ×× 艺术节组委会副主任、文化部副部长 ×× 上台颁奖，请获奖代表上台领奖。

（颁奖视具体情况而定，以下均略）

女：让我们再一次用热烈的掌声，向获奖者表示祝贺！

男：朋友们，让我们在这里共度良宵，庆祝 ×× 艺术节圆满成功！

女：下面请欣赏舞蹈……

男：×× 艺术节就像一棵巨大的常青树，经历世纪风云，经历中华民族的振兴强大，结出一串串艺术硕果。

女：第 × 届 ×× 艺术节将在 ×× 省举行。下面，我们举行第 × 届 ×× 艺术节节旗交接仪式，有请第 × 届 ×× 艺术节组委会主任、文化部副部长 ××、第 × 届中国艺术节组委员副主任、×× 省副省长 ×× 和第 × 届 ×× 艺术节承办地——×× 省副省长 ×× 上台。

(节旗交接仪式)

男：×× 是中华文明的发源地之一，富饶文明，文化昌盛。×× 年，第 × 届 ×× 艺术节将在 ×× 省举办。我们相信，×× 会给我们带来更大的惊喜！下面请欣赏 ×× 省文艺工作者为我们表演精彩的文艺节目。

(节目略)

女：第 × 届 ×× 艺术节的成功举办，在 ×× 艺术发展史上记下了浓墨重彩的一笔。这个“艺术的盛会，人民的节日”，具有极为鲜明的特色，必将留下最美好的记忆。

男：下面请第 × 届 ×× 艺术节副主席，文化部副部长 ×× 致闭幕辞。

(×× 致闭幕辞)

女：朋友们，星光灿烂，艺术永恒。让我们记住今夜，记住 ××！

男：记住 ×× 的黄昏，记住 ×× 的黎明！

女：记住古城群贤，记住老友新朋！

男：记住节日之夜，记住笑语欢腾！

合：星光灿烂，艺术永恒。让我们记住今夜，记住 ××！朋友们，再见！

艺术节新闻发布会主持辞

各位领导、各位来宾、新闻界的朋友们：

大家中午好！

×× 中国 ×× 国际艺术节新闻发布会，现在开始！

中国 ×× 国际艺术节在业内外人士的关心和支持下，在 ×× 市人民政府大力扶持以及企业、市民的积极参与下，已连续成功地举办了 × 届。×× 年中国 ×× 国际艺术节将于今年 × 月 × 日到 × 日在美丽的 ×× 市举行。

今天，×× 国际艺术节在 ×× 举行新闻发布会，希望各地媒体给予更多的关注和支持。下面请允许我介绍在座的各位领导和嘉宾，他们是……

感谢各位领导和嘉宾在百忙之中出席我们的艺术节发布会，让我们再次以热烈的掌声对各位的到来表示欢迎。参加今天发布会的还有国内百余位新闻记者，欢迎你们的光临!

下面请 ×× 市 ×× 委员会主任、中国 ×× 国际艺术节组委会办公室主任 ×× 先生做 ×× 年中国 ×× 国际艺术节主题发布，大家欢迎!

(领导讲话略)

谢谢 ×× 主任为我们做了如此详细的介绍。

下面有请中国艺术协会主席 ×× 先生和 ×× 市人民政府市长助理 ×× 先生签署艺术周合作框架协议，有请两位领导。出席发布会的各位嘉宾也请一起上台，共同见证这一时刻。

下面有请 ×× 市人民政府市长助理 ×× 先生讲话，大家欢迎!

(助理讲话略)

下面请中国艺术协会主席 ×× 先生讲话。

(主席讲话略)

下面我们留一点时间让媒体提问，哪位记者有问题，可以提问。

(记者提问略)

下面我宣布 ×× 中国 ×× 国际艺术节新闻发布会到此结束，再次感谢各位的光临，大家再见。

诗歌节开幕式迎宾辞

尊敬的各位领导、各位来宾，女士们、先生们、朋友们:

大家上午好!

盼望已久的由中共 ×× 区委宣传部主办的“第 × 届 ×× 诗歌节”，今天在 ×× 隆重开幕，这不仅是 ×× 的一件大事喜事，也是 ×× 镇、×× 区乃至 ×× 市的一大殊荣。下面，就让我们以最热烈的掌声向来自全省各地的来宾、诗友，向莅临大会的各位领导、各位嘉宾表示热烈的欢迎和衷心的感谢！

今天的 ×× 诗歌节，从初创时的蹒跚学步到现在的步履稳健，曾经走过漫长的岁月。

她的每一个足迹，都浸透着 ×× 人的心血和汗水。

她的每一步成长，都伴随着 ×× 人的惊喜与自豪。

当然，×× 诗歌节每一届的成功举办都离不开各位的关爱和鼓励，这也是 ×× 诗歌节成长不竭的动力！谢谢大家的支持，欢迎大家的捧场。下面我宣布：第 × 届 ×× 诗歌节开幕式现在开始！

今天，出席诗歌节的领导和嘉宾有……

自从去年启动建设一期工程后，我村的风貌有了日新月异的变化，开展了“××”等活动，筹建了“图书馆”，开办了“论坛网”，编印了人文诗画集等。下一步还将与《××》诗歌月刊联袂，成立“中国诗歌讲座论坛”，并整合资源，推出“×× 诗歌风情演出团”等。

让古老的歌谣，唤回那些有关青春的记忆；让古典的诗歌艺术，回到原始的土地。这是去年 × 月 × 日两地诗歌结盟的誓词，也是 ×× 对诗歌的真切呼唤！

最后，祝首届 ×× 诗歌节胜利开幕，诗歌节之后将举办赛诗会，欢迎大家的光临和参与，并预祝赛诗会圆满成功！谢谢大家！

民俗风情文化艺术交流大会开幕式主持辞

尊敬的各位领导、各位来宾，女士们、先生们、各界朋友们：

大家好！

今天，我们欢聚一堂，隆重举行 ×××× 年民俗风情文化交流大会开幕式活动，感谢大家都光临并参与，我代表举办方向在座的各位表示诚挚的问候和衷心的感谢！首先，请允许我介绍在座的领导和嘉宾。他们是……

这次活动大赛，我们特别请到了以下专家评委……

参加今天开幕式的还有……

让我们用热烈的掌声对大家的到来表示热烈的欢迎和衷心的感谢！

下面，请 ×× 市委常委、组织部长、市旅游工作委员 ×× 先生主持开幕式。

(×× 先生主持开幕式)

各位领导、各位来宾，朋友们，苍山叠翠，绿水长流，政通人和，百业俱兴。在这风景宜人的六月，我们从四面八方赶来，欢聚在 ×× 国家森林公园，隆重举行 ×××× 年民俗风情文化交流大会开幕式。我代表主办单位、×× 市委、×× 市人民政府，对各位朋友的光临表示热烈的欢迎！

我宣布，×××× 年民俗风情文化艺术交流大会开幕式现在开始！

进行活动第一项：升国旗，奏国歌。全体起立。

(升旗仪式完毕)

全体请坐。

进行活动第二项：请 ×× 市委常委、市人民政府常务副市长 ×× 先生致欢迎辞。

(×× 先生致欢迎辞，略)

下面，请 ×× 报社主编 ×× 先生致开幕辞。

(×× 先生致开幕辞，略)

接下来，有请 ×× 区委副书记、×× 国家森林公园管理处处长 ×× 先生致辞。

(×× 先生致辞，略)

下面，请 ×× 艺术团团长 ×× 女士代表参赛团队讲话。

(×× 女士讲话，略)

感谢 ×× 女士的讲话，下面我宣布，×× 年民俗风情文化交流大会开幕式活动到此结束！

(×× 先生主持开幕式完毕退席，主持人上场)

请领导退场就座，下面，请大家欣赏 ×× 民俗风情表演。

(表演节目，略)

开幕式到此结束。请各参赛团队到指定赛场，比赛即将开始。

……

风情节迎宾辞

尊贵的先生们、高贵的女士们：

大家好！

繁花似锦，欢歌如潮。又是一年好时节。

今天，我们相聚在素有××之称的××，这里山河壮丽，风景秀美，有丰富的矿产资源和独特的自然景观，特别是那浓郁的××族风情和独具特色的××文化，实在是观光旅游的好地方。

这里交通便利，大型铁矿和电站上马，××高速公路开通，××码头同航，使××成为一个通江达海的重要枢纽。

为全面展示××族浓郁的民族风情和灿烂的历史文化，打造旅游品牌，扩大对外开放，加快招商引资步伐，促进××社会、经济、文化的全面发展，让世界了解××，让××走向世界。由××县人民政府主办的“中国××风情节”，定于××××年×月×日，在国家级××风景区××县××湖畔举行。

四海举杯，相聚联谊，欢声笑语，喜气洋洋。

本次风情节将以文艺搭台、经济唱戏的形式，推出招商引资、经贸洽谈、商品展销、文化交流等活动。

热情好客的××人民，欢迎您光临风景秀美的××之乡！

灯会迎宾辞

尊敬的各位朋友，各位嘉宾：

大家新年好！热烈欢迎大家光临××市参观第×届××国际灯会。

灯城喜迎四海客，福满乾坤灯满园。今夜，××公园灯火辉煌，灯海人潮，笑声满园。巨龙腾飞，彩凤呈祥，火树银花，琼楼玉宇。

好一派灯山灯海的奇幻世界。不管是在赏灯中把玩庙会的妙趣横生，还是在庙会中品味灯会的无穷魅力，这一场灯会庙会的联袂大戏，展现给您的绝对是一场民俗文化的盛典。×× 被打扮得英姿焕发，×× 被装点得生机盎然。×× 人民，炎黄子孙，把勤劳智慧汇入这光芒四射的七彩旋律，写下无数和灯有关的瑰丽诗篇。

×× 以最大的热情欢迎你们：关注东方巨龙腾飞的国际友人、海外赤子；为国家安全、社会稳定站岗放哨、保驾护航的解放军指战员、武警官兵、公安干警；为祖国繁荣昌盛无私奉献的农业、林业、牧业、渔业、科技、文教、卫生、体育等各条战线的朋友们！

亲爱的来宾，当您走进举办第 ×× 届 ×× 国际 ×× 灯会的 ×× 公园，在这璀璨如画的彩灯世界，希望您不仅获得节日的欢愉，更能从中体会文化的力量！热情好客的 ×× 人将和您一起观灯会、逛庙会、庆新年、贺新春！

愿 ×× 灯会给您留下美好的回忆。各位朋友，各位嘉宾，祝你们新春快乐、生活幸福!

文化研讨会迎宾辞

尊敬的各位来宾，各界朋友，各位师生：

大家好!

今天阳光灿烂，天朗气清，在这样一个美好的日子里，文化界名流 ×× 先生、×× 女士、×× 女士来到我县，与我们相聚，我感到十分荣幸。首先，我代表中共 ×× 县委、县人大、县政府、县政协和 ×× 万 ×× 人民，对各界朋友的到来表示热烈的欢迎和真诚的感谢！

×× 文化，涉及的不仅是一种单纯的感情，历史和时代赋予了它更深层的含义，包含着对家乡、对祖国的热爱之情，是对一种道德观和价值观的认同。今天，文化名流齐聚 ××，来谈“他乡”和“故乡”这个主题，一定会使我们受益匪浅。

从严格的意义上讲，×× 对我来说也是“他乡”，因为我出生和成长都在 ××。我的家乡 ×× 和 ×× 一样，有良好的社会人文、生态环境。中国自古就是文化礼仪之邦。这些年来，我们弘扬 ×× 文化，不仅受到了海内外各界朋友的关注，也使 ×× 营造了一种“故乡”的氛围。

在 ×× 生活的这几年，我也把它当作自己的故乡了。×× 不仅山水秀美，而且民风淳朴，这里的人民非常勤劳，也非常好客。×× 不仅吸引着像我这样在这里工作的人，也吸引着更多的海内外朋友前来投资建厂、观光旅游。

最后，真诚地欢迎各界朋友把 ×× 当成自己的故乡，来 ×× 投资、创业、发展。大家共同努力，使 ×× 的明天更加辉煌，使我们的生活更美好，在此，真诚地祝福各界朋友身体健康，心想事成！

谢谢！

文化节开幕式主持辞（节选）

尊敬的各位领导、各位来宾，女士们、先生们：

大家好！

今夜，金风送爽，金桂飘香；今夜，星光灿烂，嘉宾云集。

由中国 ×× 联合会和 ×× 省人民政府主办，×× 省 ×× 局、×× 市人民政府和 ×× 矿业集团共同承办的第 ×× 届中国 ×× 文化节即将开幕。能够担任文化节的主持人，我感到非常荣幸。首先，请允许我向大家介绍参加今天开幕式的各位领导和嘉宾，他们是……

让我们以热烈的掌声，欢迎各位领导和嘉宾的光临！

下面，请 ×× 省人民政府 ×× 副省长宣布开幕。

下面，请全体起立，升中华人民共和国国旗，奏《中华人民共和国国歌》。

(升旗仪式完毕)

全体请坐。

下面，请 ×× 市人民政府市长、第 ×× 届中国 ×× 文化节组委会主任 ×× 先生致欢迎辞。

(×× 文化节组委会主任 ×× 先生致欢迎辞，略)

下面，请中国 ×× 联合会副会长 ×× 女士致开幕辞。

（×× 联合会副会长 ×× 女士致开幕辞，略）

盛会搭金桥，友谊传四海。各位领导，各位嘉宾，让我们以本次文化节为平台，广交朋友，共谋发展，创造更加美好的未来！

让我们以热烈的掌声祝第 ×× 届中国 ×× 文化节圆满成功！

下面，请大家欣赏由 ×× 文艺团带来的《××》大型演唱会，有请著名节目主持人 ×× 先生、×× 女士主持节目。

（节目略）

啤酒节闭幕式主持辞

各位来宾，女士们、先生们：

大家晚上好！

八月的 ×× 和风细雨，八月的 ×× 气候宜人。

在这个喜庆祥和的日子里，我们欢聚在这里，热烈庆祝中国 ×× 第 × 届啤酒节取得圆满成功。下面我宣布，中国 ×× 第 × 届啤酒节闭幕式现在开始！

今晚，我们大家欢聚一堂，共同分享啤酒节给我们带来的精彩和喜悦，首先，请允许我介绍在座的领导和嘉宾。他们是……

闭幕式也是闭幕酒会，大会组委会借此机会对在座的各位领导和嘉宾表示热烈的欢迎和感谢，对参展厂商和对本届啤酒节给予大力支持的有关单位和个人表示真诚的谢意！

下面，请大家再次用热烈的掌声祝贺本次啤酒节的圆满成功，各位来宾、朋友们，让我们期待明年再相聚！

常用节日庆典主持辞及致辞名句

笑一笑，十年少。一笑烦恼跑，二笑怒憎消，三笑憾事了，四笑病魔逃，五笑永不老，六笑乐逍遥，祝你 ×× 开心笑！

愿我的祝福像高高低低的风铃，给你带去叮叮当当的快乐！

一斤花生二斤枣，好运经常跟你跑；三斤苹果四斤梨，吉祥和你不分离；五斤橘子六斤蕉，财源滚进你腰包；七斤葡萄八斤橙，愿你心想事就成；九斤杧果十斤瓜，愿你天天乐开花。

春节树上的雪花，悄然无声地飘落；远处悠扬的钟声，开启着你我的心扉，让幸福洒满人间。

祝福你！家人关心你，爱情滋润你，财神系着你，朋友忠于你，我这儿祝福你：幸运之星永远照着你！

一个美丽的女人是一颗钻石，一个好的女人是一个宝库。

悠悠的音乐里有淡淡的诗，淡淡的思念里有绵绵的情，绵绵的爱情里有我永久的祝福，祝爱人节日快乐！

心愿是风，快乐是帆，祝福是船；乘着心愿的风，扬起快乐的帆，驾着祝福的船，驶向幸福的彼岸！祝你节日快乐！

祝幸福随你走过一年中的每一天，快乐陪你度过一天中的每一时，平安伴你走过一时中的每一分，健康牵你度过一分中的每一秒！祝你一切都好！

劳动者用勤劳的双手和智慧编织了五彩斑斓的世界，创造了人类的文明。让我们在这个特别的日子里，向全世界的劳动者致敬！

第一缕阳光是我对你的深深祝福，夕阳收起的最后一抹嫣红是我对你衷心的问候，在 ×× 节来临之际，送上真挚的祝福：×× 节快乐！

亲情在这世间，总是让生活充溢着一份份平平常常却恒久的温暖，亲情是贯穿生命始终的。为此，我们祝福天底下每一位母亲——母亲节快乐！

永不褪色的是您默默的关怀，无穷无尽的是您深深的爱心，祝福献给我最爱的妈妈。

让平安登上春天的快车道，让快乐与你轻轻拥抱，让困难见你就会绕道，让烦恼低头悄悄走掉，让吉祥对你格外关照，让幸福永远对你微笑！祝你 ×× 节快乐！

端午到了，我送你一个爱心粽子，第一层，体贴！第二层，关怀！第三层，浪漫！第四层，温馨！中间夹层，甜蜜！祝你梦中有我，天天都有好心情！

送你一个香甜的粽子，以芬芳的祝福为叶，以宽厚的包容为米，以温柔的叮咛做馅，再用友情的丝线缠绕。愿你品尝出人生的美好和五月的春天！端午节快乐！

父亲给了我一片蓝天，给了我一方沃土，父亲是我生命里永远的太阳，祝父亲节日快乐！

爸爸的教诲像一盏灯，为我照亮前程；爸爸的关怀像一把伞，为我遮风挡雨。在父亲节前夕，我愿献上最真诚的祝福。

一片丹心，九州报捷；三军浩气，四海扬威。

人民子弟为人民，赴汤蹈火；钢铁长城胜钢铁，卫国保家。

东海有大海晨曦，南国有椰海蕉林，北方有长风骏马，西域有牧歌苍鹰。在这难忘的日子里，我向所有的军人致敬，并送去我最诚挚的祝福。

悦耳的铃声，娇艳的鲜花都受时间的限制；只有我的祝福永恒，永远永远祝福您，给我智慧之泉的老师。

您似春雨，滋润着我们的心灵；您似阳光，给我们以抚慰；在这个不寻常的日子里，请接受我深深的祝福！

像天空一样高远的是您的胸怀，像大山一样深重的是您的恩情，请您接受我诚挚的祝福，教师节快乐！

片片绿叶饱含着对根的情意，他乡的我载满对家乡的思绪，每逢佳节倍思亲，想你想家想亲人。送去美好的祝福，愿全家幸福生活更甜蜜！

思念如绿叶，渐渐舒展，又是中秋月圆夜，与月亮星星相望醉眼，想你的心化作梦呓，祝福你！

好朋友简简单单，好情谊清清爽爽，好缘分久久长长。朋友，祝你新年快乐，吉祥如意！

祝你一家瑞气，二气雍和，三星拱户，四季平安，五星高照，六畜兴旺，总之新年快乐，万事如意！

正逢新春之际，祝您位高权重责任轻，钱多事少离家近，每天睡到自然醒，工资数到手抽筋，奖金多到车来运，别人加班您加薪！

千好万好事事好，月圆情圆人团圆。

举头望皓月，凝思意中人。若得尔陪伴，一生终无憾！

月到中秋分外明，人逢佳节倍思亲！

步步登高开视野，年年有度喜重阳。

愿此重阳节您心情愉悦，身体健康，家庭和美，事业成功，好梦连连。

走遍祖国最想母亲，走遍世界最想祖国。

举国上下共庆贺，祝愿祖国更强大。

神州大地繁花似锦，祖国长空乐曲如潮。

爆竹声中一岁除，春风送暖入屠苏。

千门万户曈曈日，总把新桃换旧符。

天地风霜尽，乾坤气象和。

历添新岁月，春满旧山河。

通宵灯火人如织，一派歌声喜欲狂。

正是今年风景美，万紫千红报春光。

玉漏铜壶且莫催，铁关金锁彻夜开。

谁家见月能闲坐，何处闻灯不看来。

三年此夕无月光，明月多应在故乡。

欲向海天寻月去，五更飞梦渡鲲洋。

摇篮血迹难割离，叶落归根是正理。

清明时节雨纷纷，路上行人欲断魂。

借问酒家何处有？牧童遥指杏花村。

无花无酒过清明，兴味萧然似野僧。

昨日邻家乞新火，晓窗分与读书灯。

莫辞盏酒十分劝，只恐风花一片红。

况是清明好天气，不妨游衍莫忘归。

盈盈一水间，脉脉不得语。

未会牵牛意若何，须邀织女弄金梭。

年年乞与人间巧，不道人间巧已多。

今日云骈渡鹊桥，应非脉脉与迢迢。

家人竞喜开妆镜，月下穿针拜九霄。

金风玉露一相逢，便胜却人间无数。

柔情似水，佳期如梦，忍顾鹊桥归路。

两情若是长久时，又岂在朝朝暮暮！

但愿人长久，千里共婵娟。

人生易老天难老，岁岁重阳，今又重阳，战地黄花分外香。

一年一度秋风劲，不似春光，胜似春光，寥廓江天万里霜。

第五章 丧礼

主持辞及典型致辞

悼词是由古代的哀辞、吊文、祭文演变而来。广义的悼词是指专向死者表示哀悼、缅怀和敬意的悼念性文章。狭义的悼词则指在死者的追悼大会上表示哀思与敬意的宣读式专用文体。

广义悼词即悼念性文章，多由死者的亲朋好友或师长、学生等撰写。内容多为叙述死者的生平业绩和优秀品质及在某一方面的贡献和动人事迹。叙写的形式，可以叙事为主，也可以抒情为主。

狭义的悼词即在追悼大会上的专用悼词，以记叙和议论死者的生平业绩为主。悼词一般分为四个部分：一是记述死者的姓名、死亡时间、年龄和原因；二是介绍死者的简历和职务；三是颂扬死者的生平业绩和优秀品德；四是概述死者应有的政治荣誉及生者继承死者的遗愿等。悼词一般不涉及死者的缺点，且宣读悼词的人的身份略高于亡者。写悼词要注意材料真实，评价要恰如其分，语言要亲切沉痛。

狭义的悼词，可大致参考以下提纲：

1.交代追悼会的时间，点明悼念谁。

2.写明死者逝世的时间、原因和终年岁数。

3.简单介绍死者的生平事迹。

4.简略表示应怎样来悼念死者。

5.结束语。如“××同志安息吧”、“××同志永垂不朽”等。

缅怀一般适用于对已故之人的思念，如缅怀先祖、缅怀朋友等。多在逝者的祭日进行比较正式的缅怀，当然，任何时候都可以缅怀。缅怀的形式有许多种，如写文章、去墓前缅怀等。

追　悼

×× 同志追悼会悼词

今天，我们怀着沉重的心情，深切悼念 ×× 同志。

×× 同志出生于 ×××× 年 × 月 × 日，×× 省 ×× 县人。×××× 年 × 月参加革命工作，×××× 年 × 月加入中国共产党。历任 ×× 长、×× 长、×× 书记等职。

×× 同志长期在 ×× 工作，一贯忠实于党的事业。他认真学习马列主义、毛泽东思想，坚决拥护党的十一届三中全会以来的路线、方针、政策。×× 同志是 ×× 县 ×× 建设上的组织者和领导者。为了改变 ×× 落后面貌，他带领群众深入 ××，改变了我县 ×× 的局面。他工作认真负责，锐意进取，表现出了一个好党员、好干部的思想风貌。

×× 同志热爱祖国、热爱人民、热爱科学，在工作中团结同志，帮助同志，严于律己，宽以待人，从不以权谋私，自觉遵守党的纪律，在端正党风中，为我们作出了表率。

×× 同志于 × 月 × 日 × 时与世长辞。他的一生，是革命的一生，是为人民服务的一生。今天，全县 ×× 名干部和 ×× 同志生前好友，在这里开追悼会，悼念 ×× 同志。我们要化悲痛为力量，学习他的革命精神和优秀品质，学习他脚踏实地、克己奉公的工作态度，贯彻执行党的方针政策，奋力拼搏，开拓进取，把我县尽快建成富裕县，以告慰 ×× 同志的在天之灵。

××同志安息吧！

××领导追悼大会悼词

同志们、亲友们：

今天，我们怀着十分沉痛的心情，在这里为我们尊敬的老书记××同志送行，深切悼念××人民的好儿子。

××同志××××年×月×日出生于××省××县××乡，生前是××厂原党委副书记兼纪委书记。

几十年来，他认真学习马克思主义、毛泽东思想、邓小平建设有中国特色的社会主义理论，并注重运用理论指导工作实践。他坚持党性原则，在重大政治是非面前，旗帜鲜明地站在党中央一边，用实际行动维护党的威信。

××年代，他担任××部长期间，带领广大民兵积极投身××建设和××建设，出色完成了区××部和厂部部署的各项工作，单位和个人多次荣获区先进××部和先进个人称号。

担任厂××车间党总支书记后，他紧密围绕生产经营实际、深入生产一线，广泛开展思想政治工作，关心职工疾苦，走访困难职工家庭，并切实帮助他们解决问题。他以厂为家，配合行政领导进行工艺改革，不断提高生产效率，为高质量完成生产任务作出了重大贡献。他所在党总支连续四年被局、厂党委评为先进党总支，他个人也连年被局、厂党委评为优秀党务工作者和优秀共产党员。

××××年××同志接任××厂党委副书记、同时兼任纪委书记，工作中，他严谨而富有魄力，敢说敢做，言出必行。在所分管的纪委、思想政治工作等方面均成绩显著。在新形势下，积极探索思想政治工作新路子，在方式方法上注重以人为本，融入人性化管理。对待生活困难的职工他极尽同情和关爱，他常常深入职工家庭扶贫济困，还经常拿出自己的衣物、资金等接济困难职工。××厂职工××患有××疾病，他经常与其谈心，交流思想，还经常书信往来，并送衣送物送钱。不仅帮助职工理顺情绪，还把职工当成自己的朋友对待，使职工非常感动。去年 ×× 岁的 ×× 因病去世，老书记得知后亲自为这位普通职工送行。

他率先垂范的思想政治工作楷模作用，得到了广大职工的尊敬、爱戴和上级领导的肯定，×××× 年被 ×× 省 ×× 厅评为优秀党务工作者。

×××× 年 × 月 × 日 × 时，优秀共产党员 ×× 同志永远离开了我们！我们失去了一位为党的事业忠诚奋斗的好党员，失去了一位为企业生存发展作出毕生贡献的好书记、好同志。他的一生是公正廉洁、无私奉献的一生。此刻，我们的心情非常沉重和悲痛。

老书记走了，他的匆匆离去给我们以深深的悲痛和遗憾。但他的精神是永垂不朽的。我们要化悲痛为力量，以老书记为榜样，勤勉做事，宽厚为人，用“三个代表”思想激励自己，做好工作，为 ×× 的发展继续奋斗。

尊敬的老书记 ×× 同志，您一路走好，请安息吧！

×× 老人悼词

各位乡亲们：

苍天呜咽，大地恸哭。今天，我们怀着悲痛的心情肃立于 ×× 老人家的灵前，为他老人家送行。

×× 老人家于 × 月 × 日 × 时因病医治无效与世长辞，享年 ×× 岁。他老人家的逝世，使全家人撕心裂肺，悲痛欲绝。这突如其来的噩耗传来，村里人无不伤心悲痛。他老人家的逝世，使 ×× 村失去了一位好村民，×× 组失去了一位好邻里，×× 老人家失去了朝夕相处的好老伴，×× 失去了可亲可敬的好父亲，×× 失去了慈祥的好祖父。为缅怀他老人家的生平典范，哀乐渲染追悼场，悲泪垂洒灵柩前。在此，我代表治丧小组向他老人家表示深切的哀悼。

×× 老人家于 ×××× 年 × 月初 × 出生在一个穷苦 ×× 家庭，父亲 ×× 耕作为本，务农为生，由于劳累过度，寒湿积心，×××× 年一眼失明，当时 ×× 老人家还未满 × 岁，无钱医治父病。母亲 ×× 身体不好，无力撑持门庭，生活重担压在 ×× 岁的 ×× 老人的肩上。由于生活所迫，×× 岁就

在 ×× 家做长工 × 年，开始了他苦难的长工生活，苦累活让他干，残菜剩饭归他吃。旧社会穷人心连心，穷人情牵情，×× 老人家 × 岁时，与 ×× 同志结婚，婚后家庭负担逐步加重，×× 老人家只得外出打月工、打短工、担脚营生，一担石灰上 ××，青山瓦子坪换竹回，一连气担过 ×× 担，肩压肿了，脚底血泡穿了，但 ×× 老人家从未叫苦喊累，总是风里来雨里去，起早摸黑披星戴月。

（以下叙述老人生平事迹，略）

×× 同志没有文化，但他懂得再穷不能穷教育，再苦不能苦孩子，自己节衣缩食，将 × 个孩子送进了学校……

(以下叙述老人子女情况及为国家和社会作出的贡献，略)

日落西山常见面，水流东海不回头。只见灵台人不在，一张白纸写灵牌，×× 同志不幸逝世，给村、组带来了损失，给家庭带来了悲伤，他离开了我们，他带着亲人的无限眷恋，永远离开了我们，使我们每一个活着的人，一想起他，就激起无限的怀念。

×× 同志的一生是艰苦奋斗的一生、勤劳俭朴的一生，他一生忠于革命，忠于党和人民，为 ×× 村 ×× 组的兴旺与发展，为开创幸福家庭，为耕耘革命红苗，立下了汗马功劳，劳苦功高。他动人心弦、催人泪下的生平事迹，闪烁着他人生的光辉，他一生中为社会主义建设做了大量的工作……

(以下叙述老人在工作中的贡献，略)

长相思忆涕长流，悲声切切泪难收。三魂渺渺今何在，七魄悠悠在哪厢。

看今朝，树欲静而风不止，子欲养而亲不待。孙儿外孙声声唤，爷爷、外公您在何方？儿女、儿媳声声呼，爸爸您在哪里？千呼万唤您不应，千唤万唤您不回。

您匆匆地走了，没有留下一言半语的交代，没有一丝一毫的牵挂。是的，您一切都放心，一切都坦然，为有实干创业绩，每逢朴实见精神，心似白云常自在，意如流水任东西，情似芳草千年绿，为如梅花一拼青，事能知足心常乐，人到无求为自高。

×× 同志让我们看到了优秀的品德。今天举行追悼会，我们要学习 ××

同志对党无限忠诚，全心全意为人民为集体的精神；要学习 ×× 同志对事业负责、对同志极端热忱的优良作风。

悲哀代替不了战斗，泪水挽救不了灾情。让我们化悲痛为力量，继续社会主义建设的伟大征程。×× 同志，您永远活在每一个与您相识的人的心中！

×× 同志，永远安息吧！

沉痛悼念 ×× 律师

同志们：

今天，我们怀着十分沉痛的心情，向 ×× 律师集团事务所创始人、执行合伙人 ×× 律师作最后的送别，×× 律师积劳成疾，因病医治无效，于 ×××× 年 × 月 × 日 × 时 ×× 分在 ×× 逝世，享年 ×× 岁。

×× 律师不幸逝世后，×× 市许多领导，其生前好友、学生等数十人来到家中慰问。××、×× 等领导分别以电话或其他方式对 ×× 律师的逝世表示沉痛的哀悼和对其家属表示亲切的慰问。今天，向 ×× 律师敬献花圈的有……

参加今天告别仪式的领导有……

我谨代表所有来宾对 ×× 同志的逝世表示沉痛哀悼，对家属表示慰问，同时我也代表 ×× 律师的家属和 ×× 律师事务所全体同人，对各位领导和各位来宾表示诚挚的谢意。

×× 律师 ×××× 年 × 月 × 日出生于 ×× 省 ×× 市，中共党员。×××× 年毕业于 ×× 政法大学，×××× 年从事律师工作，曾执业于 ×× 律师事务所，×× 年创办 ×× 律师事务所，×××× 年发起设立 ×× 律师集团事务所。×× 律师长期担任中华全国律师协会理事及金融证券专业委员会副主任、×× 市律师协会常务理事，并担任第 × 届 ×× 市律师协会副会长。×× 律师还是中国国际经济贸易仲裁委员会仲裁员、×× 仲裁委员会仲裁员。

×× 律师勇于开拓，锐意创新，在全国率先开设个人执业律师事务所，特别是倡议并发起创立了我国第一家集团律师执业机构 ×× 律师集团事务所，为中国律师业规模化、专业化、国际化、规范化的探索与发展作出了卓越的贡献。

××律师勤于钻研，勇于实践，不断开拓律师××专业法律服务领域，是××界和律师界公认的××法律专家，荣获××市首届十佳律师，××事务所也荣获全国优秀律师事务所。

××律师乐于奉献，兢兢业业，在担任中华全国律师协会、××市律师协会多项领导职务期间，积极、主动地为律师行业自律管理出谋划策，身体力行，呕心沥血，为律师服务的拓展与规范作出了优异的成绩。

××律师执业敬民，奉献社会，多次参与社会上有重大影响事件的处理，先后被评为××等光荣称号。

××律师病重期间，顽强地与病魔作斗争，从未放弃其挚爱的律师事业，为××律师集团事务所和中国律师业的发展殚精竭虑。

××律师从事律师事业××年来，开拓创新，精益求精，无私奉献，襟怀坦荡，正直善良，刚直不阿，为中国律师事业和××律师事业的发展作出了不可磨灭的贡献，赢得了社会各界和业内律师的广泛尊重和高度评价。

××律师英年早逝，是××律师集团事务所的巨大损失。在这悲痛的时刻，××律师事务所的全体同人，决心化悲痛为力量，继承和发扬恩师所开创的事业，努力将××律师事务所办得越来越好，以此告慰××律师的在天之灵。

××律师，一路走好，你永远活在我们心中！

母亲追悼会悼词

各位亲朋好友、各位来宾：

感谢大家参加我母亲的追悼会，送我母亲最后一程，这是对我母亲一生的最好肯定。同时，也使失去至亲、内心承受巨大悲痛的我们备感慰藉。在此，我代表全家向所有关爱我们的人表示深深的谢意！

两天前的上午×时××分，我母亲因患×癌晚期，最终救治无效而永远离开了我们，离开了她念念不舍的这个世界。一时间，我们难以接受这个悲痛的事实。

母亲是个平凡的人，一生没有做过什么惊天动地的大事。但母亲是伟大的，她一生勤劳善良，乐于助人。母亲含辛茹苦地把我们养大，却未来得及享受，就匆匆离去，不仅给我们留下了无尽的思念，更是我们一生最深的痛。

母亲出生于贫苦人家，自幼丧父，却自立坚强地完成学业，及至成年，又为工作、家庭、子女操劳多年。待退休之时，本应安享晚年，无奈父亲中风偏瘫。为了不影响子女的工作生活，母亲独自承担了家务并照顾父亲，十多年无怨无悔，直至离去。

母亲的一生是奉献的一生！她承担的每一个角色都是那么成功，她是单位的好员工，是爸爸的好妻子，是我们的好妈妈，是爷爷奶奶的好儿媳……

我为自己有这样一位伟大的母亲而骄傲。

妈妈，您这一走，一定是去了天堂，一定是去了极乐世界！那里再没有病人需要您去照顾，也没有繁重的家务让您心力交瘁……那是一个万物光丽、六时花雨、微妙庄严的清净世界！

妈妈，请您不要牵挂爸爸，请您相信您的儿女，我们一定让爸爸享有一个安详的晚年，不再给我们的人生留下遗憾！

妈妈，请您不要再牵挂儿女，我们一定会遵照您的嘱咐，兢兢业业工作，踏踏实实做人，绝不会给您脸上抹黑！

妈妈，也请不要再牵挂孙儿！他们已经长大、懂事，他们会好好学习，诚实做人！他们一定会成为您的骄傲！

妈妈，您放心地去吧！我亲爱的妈妈，您一路走好！

追悼父亲

各位长辈、亲朋好友：

× 个月前，我父亲不幸患上了不治之症，后经多方求医问药，但均无效，于 ×××× 年 × 月 × 日与世长辞，永远地离开了我们，离开了这片生他养他的土地，享年 ×× 岁。在这里，我代表家父说一些在他去世之际想说却没来得及说的话。

“天有不测风云，人有旦夕祸福”。从去年的 × 月份检查出此病，一直到生命的最后一刻，特别是在 ×× 治疗期间，父亲的同学、朋友无一不伸出援助之手，并多次前来探望，给父亲以巨大的力量和安慰，使父亲在最后的日子里享受到了最真挚的友情、最珍贵的亲情，也让我真正懂得了什么是患难见真情。父亲因为有了你们而从未感到过孤独，他的生命因为有了你们而丰富精彩。在此，请允许我代表我的父亲、母亲以及我的家人对你们表示最诚挚的感谢！

人间有爱，岁月无情，父亲最终离我们而去。在治丧期间，我和我的家人要感谢街坊邻居们的帮助，是你们在百忙之中伸出援助之手，让我可以坚强地站在这里与我最亲爱的父亲作最后的告别。谢谢你们！

生如夏花之绚烂，逝如秋叶之静美。敬爱的父亲，请您安息吧！我们知道您与病魔搏斗的这些日子，已经很累了，现在您可以休息了！我和弟弟一定铭记您生前的教诲，老老实实做人，堂堂正正做事，照顾好母亲。

我向您保证：今后的日子，我会奋发图强、不断努力，以实际行动报答您和母亲的养育之恩，告慰您的在天之灵！

愿您一路走好！

最后，我代表我们全家人向百忙之中前来参加父亲追悼会的各位领导、亲朋好友们表示最诚挚的谢意：谢谢大家！

老师追悼会悼词

江水低沉呜咽，高山肃然垂首。今天，我们怀着万分悲痛的心情，在此举行告别仪式，深切悼念教书育人的楷模，×× 学校 ×× 老师。

×× 老师生于 ×××× 年 × 月 × 日，农历 × 月初 ×，因 × 病医治无效，于 ×××× 年 × 月 × 日 × 时 ×× 分，在 ×× 医院不幸逝世，享年 ×× 岁。

×× 先生出生于普通劳动者家庭，从小受到良好的家庭教育，自幼勤奋上进，品学兼优。

他于 ×××× 年 × 月 × 日在 ×× 县 ×× 中学参加工作，成为一名优秀的人民教师，×××× 年调入 ×× 学校，先后历任 ××、×× 等职务。

×× 先生在他 ×× 年的工作生涯中，始终站在教育的第一线上，在人民教师这一神圣岗位上刻苦钻研，踏实工作，以他渊博的学识和高尚的师德，启迪了无数幼小心灵，培育了无数品学兼优的学生，为共和国大厦输送了千千万万的英才。

他努力培养年轻教师，教学成果突出。几十年来，他为渴望知识的学生送去了甘霖，真是“一片丹心为学子，勤勤恳恳育英才”！现在他的学生遍及全国各地，可谓桃李满天下。他不愧为一名辛勤的园丁，不愧是人类灵魂的工程师。×× 先生就像蜡烛一样，燃烧自己，照亮别人；他就像蜜蜂一样，对人无所求，给人的却是美好的东西。

×× 先生永远离开了我们。他的辞世使我们失去了一位好同志、好朋友、好伙伴，儿女们也失去了一位可亲可敬的慈父。他的辞世是 × 氏家族的重大损失，他的优秀品德、高贵的情操和奋发向上的敬业精神，是我们永远的学习榜样。

×× 先生为人正直，心胸宽广，热爱生活，艰苦朴素，他始终以“与人为善，以德为首”为行为准则。对家庭，他是一位真正负责任的人；作为儿子，他忠孝双全，为父母养老送终；作为女婿，他对岳父岳母关心备至，尽心尽孝；作为丈夫，他对妻子体贴入微；作为父亲，他教子有方，宽严适度，使儿女成为国家的栋梁。

×× 年前，×× 先生出生在 ××，今天他魂归故里，在家乡的黑土地上长眠安息，我们相信，他会把生命的每一粒飞尘都融入泥土中，去报答葱茏的绿色，去回报栖身的黑土地！

今天前来参加 ×× 先生遗体告别仪式及悼念活动的领导和同志有：

（名字略）

最后，我受 × 氏家族的委托，向各位的到来表示衷心的感谢！

想见仪容空有影，欲闻教诲杳无声。下面我们请各位领导、各位亲友向 ×× 同志的遗体告别。

追悼 ×× 副书记

尊敬的各位来宾，同志们、乡亲们：

今天，我们怀着极其沉痛的心情来给 ×× 同志送行。

×× 同志的逝世，使 ×× 市失去了一位好领导，×× 市人民失去了一个好儿子。

×× 同志生前系 ×× 市 ×× 系统的优秀干部、原 ×× 市 ×× 厂党支部书记。

×× 同志因患肝癌，经多方救治无效，于 ×××× 年 × 月 × 日不幸去世，享年 ×× 岁。在此，我谨代表 ×× 市 ×× 系统 ×× 名干部职工，对 ×× 同志的不幸去世表示沉痛哀悼，并向其家属表示亲切的慰问！

×× 同志 ×××× 年 × 月 × 日出生于 ×× 市 ×× 村。×××× 年，他响应党的号召，到 ×× 厂参加工作。×××× 年……

(以下介绍 ×× 同志生平事迹，略)

×× 同志一生对工作勤勤恳恳、兢兢业业、任劳任怨、默默奉献，丝毫不计较个人得失；对同事，他为人正直，真诚豪爽，公平公正；对自己，他严格要求，严于律己，认真刻苦，不断进取；对家人，他真诚负责、爱护有加。他的革命风范、敬业精神、道德风貌永远是我们做人的楷模、学习的榜样！

忆往事，历历在目；悼古人，倍觉思念。最令人难忘的是，今年 × 月 × 日上午，我去探望您，躺在病床上的您，刚刚醒来，没有和我谈一句您的病情，就急切地询问我工作的事情，并嘱咐我怎样抓好工作，怎样抓重点，务实求真……当时的情景，现在想起来仍忍不住落泪。

斯人已去，长歌当哭，我们要向 ×× 同志学习，学习他清清白白做官，踏踏实实做事，认认真真工作，做一个平凡而高尚的人，做一个有益于人民的人；学习他不图名、不牟利，不讲索取讲奉献的优良品德；学习他艰苦创业、求真务实、真抓实干的工作作风；学习他爱岗敬业，干一行、爱一行，在平凡的工作岗位上作出不平凡的业绩。

悼念 ×× 副书记，我们要化悲痛为力量，在各自的工作岗位上，奋发拼搏，为把我市建成现代化新型工业城市作出更大的贡献！

×× 副书记，请您安息吧！

优秀企业家追悼会悼词

尊敬的 ×× 总经理：

疾风劲吹，山水含悲。

这是一个让人伤心的日子。今天我们全体员工怀着悲痛的心情来与您作最后的告别。

在您领导 ×× 公司的 × 年来，一贯勤勤恳恳，兢兢业业，任劳任怨，以超前的意识和锐意改革的精神，带领全体员工，为公司迈向新的高度，发起一次又一次冲击，克服了一个又一个困难，取得了巨大的胜利，得到了全体员工的尊重和爱戴。

×× 总经理，您在改革开放的大潮中，根据市场经济的理论规律，利用新技术，开发新产品，倡导“××”精神，在市场竞争中，使 ×× 公司步入了全市利税千万元效益企业的行列，受到了政府的表彰和奖励，为同行业树立了光辉榜样。

您的一生虽然短暂，但是非常成功，在事业上，您是企业界的骄子；在生活中，您是一位孝顺的儿子，是一个体贴的丈夫，更是孩子的好父亲。

但是，在公司到达一个新起点的时刻，在家庭不能没有您的时刻，敬爱的 ×× 总经理，您先我们而去，与世长辞。我们失去了一位好领导，经济战线上失去了一名好先锋，企业界失去了一位好同志。

在这悲痛的日子里，永别了，您的精神永远鼓舞着 ×× 公司奋发腾飞。

敬爱的 ×× 总经理，安息吧！

您的精神永垂不朽！

因公逝世追悼会悼词

同志们：

白沙垂首，伊洛呜咽。

这是一个令人伤心的日子。今天，我们怀着十分悲痛的心情，代表 ×× 集团 ×× 多位同人，向因公殉职在工作第一线的 ×× 同志表示沉重的哀悼，向 ×× 同志的亲人家属表示诚挚的慰问！

×× 同志生于一九 ×× 年 × 月 × 日，来自于 ×× 市 ×× 区。×××× 年 × 月 × 日上午 × 时，×× 同志积极响应公司号召支持 ×× 建设，在生产设备面临倒塌的危急情况下，奋不顾身，欲以一己之躯护住机器，最终因公殉职，享年 ×× 岁。他是 ×× 历史上第一个因公殉职的同志，噩耗传来，全体同人不敢相信这一残酷的事实，感到万分悲痛。

×× 同志自 ×××× 年 × 月加入 ×× 以来，工作上一直身先士卒，严于律己，兢兢业业，他从 ×× 一个普通的 ×× 员工，一路成长为副组长、组长，乃至今日能够独当一面、支持 ×× 建设的骨干。

在 ×× 的 × 年来，×× 同志一直从事最平凡的工作，不事张扬，认真学习，勤恳务实，积极向上，与 ×× 共同成长，是 ×× 最优秀的中坚干部。去年，在公司领导的倡议下，他主动请缨，支持 ×× 建设。

×× 同志的离去，使 ×× 失去一个优秀的好儿子，也使 ×× 失去一个时刻为公奉献的好干部！ ×× 同志是我们最优秀的干部和同事，我们要学习他无私奉献、克己奉公的精神，学习他任劳任怨、热心待人的品质，学习他鞠躬尽瘁、贡献毕生精力的高尚品德。

在这里，我们还要代表 ×× 集团 ×× 董事长，向 ×× 同志的夫人、儿子及其父母再次表示诚挚的慰问！

×× 同志安息吧！你永远活在 ×× 集团 ×× 同人的心里！

退休职工追悼会悼词

各位亲友，各位来宾：

今天，我们怀着十分沉痛的心情，深切悼念退休职工 ×× 同志。

×× 同志因患 ×× 医治无效，于 ×××× 年 × 月 × 日 × 时 ×× 分在市人民医院与世长辞，享年 ×× 岁。

×× 同志 ×××× 年 × 月生于 ×× 县一个普通的农民家庭，×××× 年 × 月参加革命工作，×××× 年因患病退休。

少年时代的 ×× 和许许多多同龄人一样，饱经旧社会苦难生活的煎熬和考验。他 ×× 岁时受生存和生活所迫，弃书投工。在 ×× 工厂当童工，受尽了资本家的剥削和欺凌，亲眼目睹、亲身体会了旧社会的黑暗，这使他幼小的心灵充满了对旧世界的无比痛恨和对新生活的无限向往。在此期间，他受进步思想影响，参加 ×× 工人罢工等革命活动；新中国成立前夕，他投身全国解放运动；新中国成立后，他参加乡农协会，积极投身土地改革。他表现出色，在党的培养教育下迅速成长起来。在以后的革命工作生涯中，他热爱共产党，热爱新中国，热爱社会主义。

×× 同志一生勤勤恳恳，任劳任怨。无论在哪个岗位上，他总是一心放在工作上，干一行，爱一行，精一行，敬业爱岗，默默奉献。

×× 同志为人忠厚、襟怀坦荡；谦虚谨慎、平易近人；生活节俭、艰苦朴素；家庭和睦、邻里团结，他对子女从严管教，严格要求，子女个个遵纪守法，好学上进。

×× 同志的逝世，使我们失去了一位好同志。他虽离我们而去，但他那种勤勤恳恳、忘我工作的奉献精神；那种艰苦朴素、勤俭节约的优良作风；那种为人正派、忠厚老实的高尚品德，是我们学习的榜样。但人死不能复生，我们只有化悲痛为力量，以更加高昂的热情投身到工作当中，以告慰 ×× 同志的在天之灵！

×× 同志，请安息吧！

离休老干部追悼会悼词

各位亲友、各位来宾：

今天，我们怀着十分沉痛的心情，深切悼念离休老干部 ×× 同志。

×× 是我镇 ×× 村人，×××× 年 × 月出生，中共党员，×××× 年 × 月 × 日上午，因病医治无效，在我市人民医院与世长辞，享年 ×× 岁。

×× 同志幼年聪慧，表现出了与众不同的志向和抱负，深得师生的喜爱。

×× 长大后立志报效国家，于 ×××× 年参加中国人民解放军，作战勇敢，不怕牺牲，表现突出，不久任班长、排长。在 ×× 战役和 ×× 作战中，×× 英勇无畏，身先士卒，冲锋陷阵，屡立战功，深受广大官兵的尊敬和爱戴，为解放战争作出了应有的贡献。

新中国成立后，×× 也迎来了人生的转折点，组织上为照顾他，安排他转业到临近家乡的 ×× 乡工作，并担任武装营长。生活上，他艰苦朴素，克勤克俭，从不铺张浪费；工作中，他踏踏实实，兢兢业业。

×××× 年，根据工作的需要，组织上调他到家乡 ×× 镇工作，任 ××。虽然工作离家很近，但 ×× 同志对自己的要求丝毫没有放松，反而更加严格了。思想上，他起到了共产党员的模范先锋作用，时刻与党组织保持高度一致。在领导和同事面前，不居功，不自傲。在子女的教育上，他严格要求自己的子女，从不搞特殊化，体现出了一个革命军人和人民公仆的高风亮节。

自 ×××× 年参加人民解放军到 ×××× 年，在为革命和人民默默无闻地奋斗了 ×× 年之后，×× 同志光荣离休了。

离休后，本可以无忧无虑地安度晚年，但 ×× 仍时刻心系他为之献出宝贵青春、付出辛勤汗水的事业，继续发挥余热。他时常走访群众，探视百姓疾苦，开展调查研究，反映社情民意。他成了党和政府与人民群众沟通的窗口和纽带，充分表现出了一名共产党员的本色，他是全镇党员干部的楷模，是全镇人民的先进代表。

×× 同志的一生，是艰苦奋斗的一生，是光明磊落的一生。他一生勤劳俭朴，把自己的全部都无私地奉献给了人民。

青山永在，英名长留，让我们永远记住这样一位平凡而又伟大的人。

× × 同志永远活在我们全镇人民的心中！

父亲追悼会答谢辞

尊敬的各位领导、各位长辈、各位来宾，亲朋好友们：

× 月 × 日上午 × 时 × 分，父亲因病医治无效，永远离开了我们。今天，我们怀着万分悲痛的心情，在这里为他老人家举行追悼会，以此寄托我们的无限哀思。

首先，我谨代表我们全家，向今天参加追悼会的各位领导、各位长辈、各位来宾、各位亲朋好友表示诚挚的谢意！感谢你们在百忙之中来到这里，和我们一起，向我的父亲作最后的告别。

父亲生病住院期间，承蒙各位领导和亲朋好友的关怀，你们多次探望、慰问，给了父亲莫大的安慰，给了母亲莫大的支持，作为家属，我们永远心存感激。在这里，我们还要感谢 × × 单位，近年来，我们忙于工作，是 × × 单位，给了父亲和我们全家悉心的帮助。在此，我代表母亲及全家再次向各位表示深深的感谢！

父亲的离世，带给我们深深的怀念。作为儿子，我无法用简单的言语总结父亲的一生，父亲有着太多的角色。在我母亲面前，他是一个顾家的丈夫；在孙辈眼里，他是一个和蔼的爷爷……他用自己辛勤的耕耘，改变了许多人的命运。

父亲的人生准则简单得只有十二个字：清清白白做人、勤勤恳恳做事。这恰恰是他一生的写照。在长达 × × 年的教师生涯中，他为国家培育了一批又一批的优秀学子，可谓桃李满天下！

父亲的一生，是勤恳踏实、严谨治学的一生；父亲的一生，是稳健坦诚、无私奉献的一生；父亲的一生，更是光彩四射的一生。我为有这样一位父亲而感到骄傲，同时为失去这样一位父亲而感到万分悲痛。

敬爱的父亲走了，我们再也无法聆听他的谆谆教诲，再也无法看到他的笑容，只能在心中深深地缅怀他。

父亲，您就放心地走吧，我们一定化悲痛为力量，竭尽全力孝顺母亲，让她老人家的晚年更加幸福、更加安康；我们一定牢记您的遗训，清清白白做人、勤勤恳恳做事、扎扎实实工作；我们一定继承您留下的良好家风和优良品德，一定会教育好自己的子女，把他们培养成出色的人才，一定不让您失望。因为，我们知道，这是对您在天之灵的最大告慰！并以此来报答父亲的养育之恩，报答社会，报答各位领导、各位尊长和各位亲朋的关怀和勉励。

亲爱的父亲，今天，深爱着您的人们都来送您了，让我们用泰戈尔的一句诗为您送行：生如春花之绚烂，逝如秋叶之静美。您安息吧！

最后，我代表我的母亲及家人，再次向出席告别仪式的各位领导、长辈以及所有的亲朋好友表示衷心的感谢！

谢谢大家！

缅　怀

缅怀父亲

只有失去了的东西才弥足珍贵，只是在今天，爸爸，我才感觉到您在我们的生命里的位置。爸爸，您的在天之灵，能听见我们发自心底的呼唤吗?

爸爸！您一句话都没有交代就走了，走得那么匆忙，您知道吗？在这个世界上，女儿真的好孤独！女儿习惯了把您作为第一个倾诉对象，无论喜怒哀乐，女儿离不开您的开导和劝诫，离不开您的睿智和幽默，女儿喜欢看您做重大决定时的冷静与超然。女儿多么希望能再一次看到生气的您，听到女儿一句漫不经心的劝解后，顿时笑颜开怀却又让人忍俊不禁的善变！多么希望再一次看您讲《神探狄仁杰》时惊悚逼真的表情!

这熟悉的一切，仿佛昨天才刚刚经历，可是，这一切都随着您的离开而不再有。这一切早已成为女儿 × 年来仅存于梦中的奢望！每次在梦中见到您时都不舍得醒来，不愿意回到现实！因为现实中没有女儿赖以依靠的爸爸您啊!

爸爸，× 年前您魂归异乡，直到今天，您的儿女们才送你回到故里。可是，女儿公务在身不能亲手捧着您回来，只能在远方千里连线，忧伤地等待着您回家的消息。听弟弟悲戚地转述，我知道您到了老家门口，您下车了，遗像上的您双眼炯炯有神，刚毅而忧虑，一如您生前历尽人生磨难的表情，您被悲恸欲绝的亲人们捧在手上，抱在心窝里，颤抖地抚摩着，泪眼蒙眬地亲吻着。

女儿发疯地抓紧电话，后悔错失见父亲一面的机会！可恨此时女儿的无奈！但女儿深信爸爸您一定会飘然入梦来的，一定会的！

爸爸，女儿已经长大了，不再是那个让您放不下心的丫头了。女儿好想看着您的脸，听着您的声音，和您聊聊天，相互打趣，然后一起哈哈大笑。别人都说我长得像爸爸，女儿不仅承继了您的外貌、您的性格，也承继了您的思维。可是，刚刚花甲之年的您被病魔带走了，永远离开了这让您眷念不忘的尘世，我恨，我怨，我无奈！

爸爸，您曾是女儿生命护航的使者！您无私奉献给女儿的骨肉亲情，您对家庭坚定不移的责任感和使命感，崇高、纯美而神圣。看着遗像上的您，宠爱中带着嗔怪，如电光忽闪一般，让女儿猛然惊醒警觉！爸爸，放心吧！女儿一定走好人生道路的每一步！

缅怀母亲

母亲，您走之后，我经常梦见您，梦见您和我们在一起，是的，您永远和我们在一起。

今天是您的忌日，我们来看您了，您能听见我们发自内心的呼唤吗？

× 年前的今天，我们的母亲因突发性疾病，带着遗憾和无奈离开了她无限深爱的儿女们。

母亲的突然病故，如晴天霹雳，令我们万分悲痛！也让所有认识她的人震惊！我们都无法接受这无情的事实。前一天还和亲戚们谈天说地的母亲，第二天早晨竟未留下一句遗言就撒手去了，撇下了她根本无法撇下的儿孙和众多乡邻，连一个“拖累”我们的机会都没有给予，就这样抱憾而去，着实让我们感到头上的一片天在瞬间坍塌了，我们再也见不到她了。

就这样，温柔贤淑、慈祥善良的母亲，走完了她 × × 年的生命历程，带着惆怅，带着牵挂，怀着对生命强烈的渴望，永远地告别了这个世界。

母亲的去世让我感到无比悔恨和愧疚，我恨自己为什么当时没有陪在母亲身边？恨自己在母亲身体不适或孤独想我们而打电话叫我回家时，我总是找各种借口，忙忙忙，忙到没时间陪母亲，我都在忙什么啊！

母亲，在您离开后，我几乎生活在自责与愧疚里，特别是您逝世后的两个多月时间，我每个星期都不由自主地去您的房间，默默地注视空荡荡的床铺，祈求您的谅解。其实，我也知道，无论我怎样自责都不能弥补这份遗憾，也无法挽留您的生命，我无法相信您已经真的走了！

母亲，您一生坎坷、充满艰辛，全靠勤劳的双手与父亲一道含辛茹苦地将 × 个儿女抚育成人，如今，往事历历，您却去了另一个世界。

亲爱的母亲，我们永远记得：不管多苦的日子，您都不让我们苦，苦的只有您自己；不管生活多艰难，您都坚持供我们读书，让我们将来有出息。母亲，您为我们付出的一切，我们是无论如何都不能报答的。

在您的影响下，我们都学会了不放弃希望。

父亲生病以后，您独自承担着父亲的饮食起居，忍受着常人难以想象的苦楚照顾他。这时您也近 ×× 岁了，尤其是您从床上摔下造成右手骨折那段时间，更令人感动和让儿女们无地自容。当时我们商定轮班照顾父亲，但一轮还未满，就由于各种困难无法脱身而无法坚持了，母亲您毫无怨言地吊着绷带又上岗了，坚韧不拔地承载了人生中所有的重负……

母亲，我们有了痛苦，可以向您倾诉；我们有了困难，可以向您求助。在您面前我们可以肆意夸大自己的困难，但我们没有想过怎样安抚您的忧伤和痛苦。

您虽然没上过学，但您是一本书，您的教子方式、您的为人处世都有独到之处。您是个平凡的人，但平凡中处处透露出伟大；您虽然贫苦，却给了我们无尽的精神财富。

尊敬的母亲：今天，我们要借一片五彩的云霞，编一只最美的花篮送给您，让山下的小河抚平您的皱纹，让大山挺直您劳累的身躯，让缅怀的文字照亮您疲惫的脸庞，让回报的红烛映照您的天堂之路。

亲爱的妈妈：在这万般无奈中，我们能做到的，也只是为您祈祷，愿您在这青山中得到安息，也请您保佑您的子孙安康幸福！

掬起一捧黄土添在母亲的坟上，我相信，母亲一定在慈祥地注视着我们。亲爱的母亲，生死不能将我们分离，我们永远在一起，您永远活在我们心里！

缅怀同学

今天，听到了一个震惊的消息，我们的 ×× 同学因病去世……我好一阵反应不过来，进而思绪万千，回想起曾经的点点滴滴，心里还期待着明年的相聚……

壮年离世，逝者如斯，更多遗憾。那是怎样一种用言语难以形容的感受啊……

校园中的每次小聚，铁锅煮面条的汤中荡漾着每个人的笑声，跋涉途中充满 ×× 的友善，分手时相别相约的片段，历历在目！刻骨铭心！

曾几何时，我们同负理想使命，相携治世之途，而今你却长眠不醒。我们只能无尽地怀念你。我不断想起你的音容笑貌，想起你永不服输的性格，想起你工作岗位上敢于碰硬、心怀群众的感人事迹……

（以下为逝者生平事迹，略）

×× 同学，作为一个生命的个体你永远离去了，但是你的精神被永远地珍藏着，你的名字铭刻在我们心里，铭刻在所有认识你的人的心里。

作为你的同学，对你英年早逝备感痛惜，同学怀念你、追忆你，最重要的是一定传承你的精神，在你的感召下，永远忠诚于党的 ×× 事业，历尽风霜雨雪永葆本色，面对艰难险阻永不退缩，以良好的业务和高尚的品德多为人民作贡献。×× 同学，安息吧！

缅怀爱妻

亲爱的，你真的走了吗？你真的撇下深爱的丈夫、孩子和父母走了吗？直到现在，我还不能接受这个事实。

你一定是出远门了，这次没有人陪你，你一定要照顾好自己，记得按时吃药，平时都是你照顾全家，这次你别想别人了吧，自己保重。

刚送你走，我就被送到医院，没有及时写出给你的心里话。××，你知道吗？我有许多话还没来得及和你说，你常说我是不善表达的人，我真后悔，没有想到你走得这么匆忙，我们还没有细谈过呢。我知道，你爱我爱得多么深，多么想听我的悄悄话，多么想向我倾吐你真诚的爱。可恨我那么呆板，有时还真的伤了你的心，我后悔啊老婆！

虽然我们没有告别，可你的心我非常理解，你平时说的话我都记在心里。你放心，××，你的心愿我一定满足。

你的爱是那样执著、那样专一。你是那样热爱生活，那样精心装扮我们这个家，你心里装着我，装着孩子，希望永远这样团团圆圆地生活。你的心是一团火，你的心是一朵花。你常说自己怎么也能活到七八十岁的，你永远憧憬着美好的生活，忠心于温馨的家，痴情于我。你怎么忍心抛掉这一切而去呢？这个家怎么能没有你呢？

现在，你上路了，我的心里渐渐平静了，你到另一个世界去了，那里没有烦恼，是个极乐世界。我多么想和你手挽手，像我陪你在院中围着花坛散步一样，共同走向天堂。

难道我们只能共苦，不能“同甘”吗？你辛辛苦苦一辈子，认认真真地生活，是那样地投入，那样地情真意切。工作上，你那样地要强；生活上，你那样地热爱一切；爱情上，你那样地执著……这一切的一切，我历历在目，我深深知道，你的心全在我身上，你的情全倾注在我身上，任何人不能取代，这一点我现在更是深深体会到了，我这辈子都不会忘记！

我最亲爱的老婆，安息吧！我们的灵魂永世相依！

缅怀××老师

这个冬天悄然飘落第一场雪，您就匆忙地走了。没想到噩耗来得那么快，学生们感到莫大的痛苦和难过。我谨代表××一中××届高×(×)班全体同学，沉痛哀悼××老师，并请师母和您的子女节哀。

您为人师表，才华横溢，在讲台上站了一辈子，桃李满天下。而立之年的我们，也只是您学生中的一小部分。

××一中××届高×(×)班，是一个团结向上、朝气蓬勃、饮誉母校的优秀集体。作为我们的班主任，您给了我们知识、给了我们欢乐、给了我们力量。因为您，我们才有了那终生难忘的高中时代。

您倡导“为人生勤奋学习”，班中学习气氛盛浓；您教的是××，但要求我们全面发展、扎实打好基础；您热爱生活，班级文体活动在您的指导下，更是有声有色；您注重社会实践，不管是工厂，还是其他地方，到处都留下了您和同学们的足迹；您特别注意集体主义教育，来培养同学们的爱国主义情操，创“三好”团支部、争“五优”班级、办“希望”班报等活动卓有成效；我们班和师大一中高×班结成了友谊班，互相学习、取长补短，更是您的匠心所在；您是严师，严于律己，又常教导我们“责己要严，待人要宽”。

在我们眼里，您是可亲的兄长、可信的朋友、可敬的老师。

字为心声。您的书法闻名遐迩、洋洋大气、浑然有力，给学生一种极美的艺术享受。

声为心音。您那男中音的歌声，浑厚又充满自信，让学生们此生难以忘怀。

××××年×月，毕业××年后，××多位同学和老师首次相聚，畅叙师生情谊。老师您挥毫题词：“卅年风风雨雨，蹉跎岁月，弹指一挥间。”老师缅怀往事，万千感慨。

××××年×月，我们师生又相聚××，浏览××和××，您又写下“××是龙头，××是前哨，不虚今日××游，心满意足难分手”。您看到改革开放的巨大变化，兴致很高。

××××年×月×日下午×点，××多位同学与您再次相聚，庆贺您的××华诞，同学们为您送上生日鲜花和纪念品。您再次欣然题词：“××年风雨，××载春秋，师生情、亲人情、关爱之情，是阳光、是雨露、沁润心田，回归菁菁校园、青春岁月。”您说：“今天同学们为我做××岁；以后，我为同学们做××岁；再以后，你们为我做××岁，我再为你们做××岁。”老师的话，当时令人激动，现在让人心酸。

您为我们、为祖国的教育事业献出了宝贵的青春。离校多年，您还关心一些同学的婚姻大事、子女读书、工作学习。

您从教育岗位起跑，在教育岗位倒下。负荷过重，积劳成疾。

是一种什么力量，让 ×× 多名学生，冒雨骑了 × 个多小时的自行车，从 ×× 赶往医院见您最后一面？

是一种什么情感，让学生深夜为您守灵在身边？

天上少了一颗星，我们少了一位老师。

潇潇秋雨，是上苍在为老师哭泣；绵绵情思，是大地在为老师送行。

老师永远活在我们心中。

愿老师安息！

缅怀 ×× 明星

忘了哪位诗人写过这样的句子：我的姐妹，你如同我们溪谷上的一缕春风，紫罗兰在阴凉处发出甜蜜满足的香味，我要带你去森林那最美的角落，在那里，我们将互相坦白怎样见过上帝。

不知不觉间，×× 离开她的“粉丝”已经 × 年了，悲伤依存，痛心犹在，思念在梦中闪过一刹的回忆。

× 年了，没有什么大不了，依旧是每天枯燥地工作，若无其事地游走。

唱唱夕阳之歌，喝喝烈性白酒，平静的生活似乎不曾改变。

× 年的时间，转眼闪过，再过若干年，我们会淡忘的是什么？

淡忘几首歌，淡忘一个人，还是一个信念，又或者是内心的自我。

我们淡忘的不过是一片无奈。

勇敢、坚强、不屈、奋斗，她是不可取代的！她是传奇，一个生命的传奇，一个时代的传奇！

她短暂的一生给我们带来了无尽欢乐，而我们能为她做的，只是默默地祈祷：××，安息吧。

缅怀 ×× 干部

×××× 年 × 月 × 日，×× 同志与世长辞的噩耗传来，全市顿时笼罩在了一片悲哀的气氛之中。人们挥泪如雨，万分沉痛。模糊的泪眼挡不住人们对这位好书记深深的怀念之情和思恋之感。各族各界化悲痛为力量，立志继承 × 书记的遗愿，继续他未竟的事业，早日实现 ×× 经济、社会、文化稳步跨越发展的宏伟目标。

党的优秀民族干部、人民的好儿子 ×× 同志的突然离去，是我市的一个极大的损失。他是百姓的好公仆，他对 × 市经济建设、社会各项事业，特别是城市建设作出了突出的贡献。

×× 书记一生高风亮节，光明磊落，是我们各级干部的楷模和表率。目前，我市各项事业欣欣向荣、百业俱兴，我们一定要化悲痛为力量，继续完成 ×× 同志未竟的事业，把 ×× 区的各项工作搞好，以优异成绩告慰老书记的在天之灵。

一向精力充沛、不知疲倦的 ×× 书记，怎么能这么早就离开了热爱他的人民和他未竟的事业？ ×× 市的好多大事还等着他来解决；×× 年自治区 ×× 周年庆典还需要他来呈递满意的答卷……他却悄然离开了我们，留给了我们无尽的思念和悲痛。我们一定要团结一致，化悲痛为力量，在市委、市政府的领导下，把我市的各项事业做好，不辜负 ×× 书记生前对我们的期望。

×× 书记，一路走好！

祭　扫

祭扫主持辞

各位老师，各位同学：

今天，我们一起来到 ×× 烈士陵园祭扫 ×× 烈士墓，虽然会场十分简陋，但这种幕天席地的气势，一定会给大家留下深刻的印象。

今天的活动得到 ×× 小学师生的大力协助，他们为我们做了许多祭扫的准备工作，首先，让我们以最热烈的掌声向他们表示诚挚的谢意。

下面进行活动第一项：向 ×× 烈士遗像默哀三分钟。

进行活动第二项：有请 ×× 小学的 ×× 老师为大家介绍 ×× 烈士生平事迹，大家掌声欢迎。

（讲话略）

进行活动第三项：学生代表发言。大家欢迎 ×× 班的 ×× 同学上台发言。

（讲话略）

进行活动第四项：举行新团员入团宣誓仪式。

（讲话略）

进行活动第五项：校领导讲话，掌声有请政教处的 ×× 主任为大家讲话。

（政教处的 ×× 主任讲话，略）

下面，进行活动第六项：校长致辞。

（×× 校长致辞，略）

进行活动的最后一项：去墓地献花圈。献完花圈后我们将原路返回，请大家遵守纪律，注意安全。

清明公祭仪式致辞

时届清明，日暖风熏，翠柏凝春，郁郁葱葱。悼念先人，缅怀故旧，是我们中华民族的传统美德，今天我们怀着无比崇敬的心情，深切缅怀革命先烈们，表达我们的思念之情，告慰他们的在天之灵。

忆往昔，在血雨腥风的战争岁月里，××大地上无数优秀儿女为了民族的解放事业，为了国家的和平统一，为了实现最广大人民群众的利益，不惜抛头颅，洒热血，赴汤蹈火，舍生取义，矢志不渝，用他们宝贵的青春和热血，谱写了可歌可泣的壮丽诗篇，为我们创造了美好的生活和发展环境。

看今朝，我们继承他们的遗志，在“三个代表”重要思想指导下，认真贯彻落实国家、省、市新时期的工作方针，大力弘扬“拼搏进取，奋力赶超”精神，坚持一手抓改革，一手抓发展，千方百计克服困难、启动投资、开拓市场。

在广大干部群众的齐心协力和共同努力下，全县经济有了长足的发展，各项事业呈现良好的发展态势。

站在新时代的起点上，展望未来，建设富裕型小康社会任重而道远，我们要向革命先烈学习，学习他们不畏艰难、勇于献身的革命精神，鼓舞斗志；学习他们为了新中国成立前仆后继、不怕牺牲的进取精神，坚定信心；学习他们为了实现广大人民的根本利益不求索取、一心为民的奉献精神，勤政为民。

我们要时刻铭记自己肩负的历史使命，勇于接过社会主义革命和现代化建设的接力棒，继承革命先烈的光辉遗志，发扬光大革命传统，精诚团结，开拓创新，为我县的现代化建设作出积极贡献。

青山埋忠骨，史册载功勋。革命先烈，浩气长存，永垂不朽！

烈士墓祭扫主持辞

同志们、朋友们：

在这庄严肃穆的烈士墓陵园前，我们追思烈士 ×× 同志，在此，我代表中共 ×× 支部、×× 委员会对 ×× 同志寄予无限的哀思和敬仰！

×× 同志是我们 ×× 人的骄傲！他于 ×× 年应征入伍，因表现突出在部队里光荣加入中国共产党，×× 年退伍后，任 ×× 民兵排长。×× 年 × 月 × 日，×× 同志因见义勇为，在 ×× 桥上与五名持刀歹徒英勇搏斗，最后不幸牺牲，时年 ×× 岁！

群山为之低头，江河为之呜咽，开追悼会那天，万人落泪，认识的不认识的，老的少的，全都自发地给英雄送别！

风萧萧兮易水寒，壮士一去兮不复返。他把三名歹徒打倒在地，使受害人得以逃出歹徒的魔爪，愤怒的歹徒挥刀朝他砍过来，他在冰冷的桥头睡去，却唤醒了我们对崇高道德的无比敬仰。

他的人格，他的情操，都浓缩在他那短暂的一生中。他用宝贵青春谱写了一曲壮丽凯歌，用年轻生命诠释了他在党旗底下的誓词：全心全意为人民服务！也许，时间会冲淡记忆，但我们不会忘记你，时代也不会忘记你这样一位顶天立地的英雄！今天把你移葬到革命烈士陵园，正是党和政府把你永远铭记。

安息吧，英雄，让我们收起眼泪，把英雄的事迹更好地传承，把对烈士精神的学习与学习贯彻党的“十七大精神”、落实科学发展观结合起来，提高思想境界，弘扬社会主义道德风尚，立足本职，扎实工作，重现 ×× 雄风。只有如此，才是对英雄精神的最好贯彻，才是对英灵的最好告慰！

公祭伏羲大典主持辞

各位领导、各位来宾，同志们：

伏羲氏是伟大的人文始祖，居三皇之首，百王之先，其功德在华夏儿女中影响深远。伏羲文化是中华民族的本源文化。×× 作为羲皇故里，是中华民族的重要发祥地之一，已成为国内外华人寻根问祖的圣地。

为了表达对始祖的敬仰之情，弘扬伏羲的伟大创新精神，弘扬中华文明，今天，我们怀着对先祖的崇敬之情，在始祖故里隆重举行 ××（××）年公祭伏羲大典。

出席今天公祭伏羲大典的党和国家领导人有……

参加今天公祭伏羲大典的还有港澳同胞、台湾同胞、海外侨胞代表，×× 市各界代表，新闻单位记者共 ×× 余人。

在此，我代表中共 ×× 市委、市人大、市政府、市政协和 ×× 市 ×× 万人民向参加今天公祭大典的各位领导、各位来宾以及长期以来关心和支持 ×× 经济、社会事业发展的各界人士表示热烈的欢迎和诚挚的谢意！

现在，我宣布，××（××）年公祭伏羲大典开始！

第一项，全体肃立，奏乐。

第二项，鸣放礼炮（13 响）。

第三项，击鼓鸣钟（9 次）。

第四项，恭读祭文，请 ×× 市市长 ×× 恭读。

第五项，乐舞告祭。

(以下两项在伏羲庙内进行)

第六项，敬献花篮。

第七项，向伏羲圣像行三鞠躬礼。

(请主祭人按照工作人员的引导步入伏羲庙内，实施第六项、第七项议程)

请全国政协副主席、农工民主党中央常务副主席 ×× 敬献花篮。

请 ×× 代表中央各部委敬献花篮。

请中共 ×× 省委代表省委敬献花篮。

请 ×× 省人大常委会代表省人大敬献花篮。

请 ×× 省政府代表 ×× 省政府敬献花篮。

请 ×× 省政协代表省政协敬献花篮。

请 ×× 代表港澳同胞敬献花篮。

请 ×× 代表台湾同胞敬献花篮。

请 ×× 代表海外侨胞敬献花篮。

请中共 ×× 市委书记 ××、副书记 ×× 代表中共 ×× 市委敬献花篮。

请 ×× 市人大常委会主任 ××、副主任 ×× 代表市人大常委会敬献花篮。

请 ×× 市市长 ××、副市长 ×× 代表市政府敬献花篮。

请 ×× 市政协副主席 ×× 代表市政协敬献花篮。

请 ×× 军分区司令员 ××、×× 部队副师长 ×× 代表驻军敬献花篮。

下面，请其他参祭人依次单列步入伏羲庙内，向伏羲圣像行三鞠躬礼。

×× 年公祭伏羲大典现在结束，请参祭人员进入伏羲庙瞻仰伏羲圣像，×× 时 ×× 分出伏羲庙，在 ×× 路乘车，到主展馆参加 ×× 展览活动。

×× 年公祭伏羲文：

维公元 ×××× 年 × 月 × 日，岁在 ××，× 月 × 日。时值中国 ×× 伏羲文化旅游节暨中国 ×× 次年会开幕之际，人祖宗庙维修之时，中华儿女，羲皇子孙，会聚始祖故里，谨以鲜花雅乐之仪，聊表至诚之心，恭祭我人文始祖太昊伏羲氏曰：

羲皇故里，龙祖之乡；盛典祭祖，颂我中华。

三皇之首，百王之先；大哉羲皇，文明之源。

一画开天，混沌初辟；以龙纪官，分部治理。

初作网罟，佃渔大起；伏牛乘马，牧业开启。

间推历度，创立节气；刀耕火种，农业起始。

建屋化布，寒冷有避；钻木取火，冶金成器。

首演八卦，奠基哲理；发明书契，符号记忆。

始制嫁娶，俪皮为礼；琴瑟九针，万民之喜。

东进中原，广拓南岭；道贯九州，德泽万里。

域外俯仰，异国鉴取；伏羲文化，万代承袭。

巍巍吾国，龙脉永承；世纪更新，华夏呈祥。

改革开放，国富民强；羲皇儿女，开来继往。

煌煌中华，自立自强；民族复兴，神人共襄。

今日公祭，告慰羲皇；大礼告成，伏惟尚飨。

祭扫烈士陵园仪式主持辞

合：各位领导、老师、同学们，大家好！

男：源远流长的 ×× 河，千百年来，流淌出多少动人的故事。

女：苍茫青翠的 ×× 山，记载着 ×× 年来 ×× 市的历史变迁。

男：我是 ×× 小学 ×× 班的 ××。

女：我是 ×× 小学 ×× 班的 ××。

男：在清明节来临之际，我校全体师生徒步到 ×× 市烈士陵园，缅怀先烈，寄托哀思。

女：现在，我宣布：祭扫烈士陵园仪式开始。

男：首先请允许我介绍今天来参加活动的领导和来宾。

女：他们是……

(男女主持人按名单轮流介绍领导和来宾，略)

男：今天，我们站在这里缅怀先烈。

女：明天，我们将更加努力地学习。

男：出旗，敬礼。

女：请青年代表敬献花圈，全体默哀三分钟。

男：今天，又将有 ×× 位优秀的大哥哥、大姐姐在这里举行成人宣誓，成为我们少先队员学习的榜样。

女：请教育局的领导宣布宣誓人员名单(略)。

男：现在，请 × 中 ×× 同学作为青年代表讲话。

女：请 × 中党委副书记 ×× 带领宣誓。

团委副书记：请同学们面向国旗，举起右拳，跟我宣誓：

在此正式成人之际，我以一个中华人民共和国公民的名义，面对国旗，庄严宣誓：

捍卫神圣宪法，维护法律尊严。

履行公民义务，承担社会道义。

国家昌盛为先，人民利益至上。

热心公益，奉献社会，无愧祖国培育。

勤勉自励，奋发有为，不负长辈厚望。

以我壮志激励，创造崭新未来。

以我火红青春，建设锦绣中华。

为共产主义事业而奋斗！

领誓人：××。

宣誓人：××。

时间：×××× 年 × 月 × 日。

（主持人上场）

男：请各校的优秀党员为他们佩戴成人纪念章。

女：请教育局领导 ×× 讲话。

（领导 ×× 讲话，略）

合：同学们，祭扫烈士陵园仪式就要结束了，请全体团员、队员献花，瞻仰烈士墓，并清扫烈士陵园。

祭扫烈士陵园仪式结束，退旗，敬礼！

祭奠父亲

公元 ×××× 年 × 月 × 日，天气炎热，而此刻我却心寒如冰。

谨以此文祭奠我的父亲。

×××× 年 × 月 × 日晚 ×× 时 ×× 分，父亲因大面积脑梗，抢救无效，驾鹤西去。慈父魂归缈缈，唯余桑梓，儿女撕心裂肺，痛心疾首，一腔悲情，两行酸泪，一时多少言语，竟不知如何诉说……

父亲生于 ×××× 年 × 月 × 日，虽然他一生没有做过什么惊天动地的大事情，但是许多人都记得他，此刻，我们只能在心里默默地怀念。

父亲育有我们一儿一女，小时候家中不裕，母亲又多病，父亲总是自己忍饥挨饿，却让我们吃饱穿暖。那时候父亲在 ×× 工作，干的都是农活。在那个艰苦年代，微薄的工资不足以养家，为了我们的温饱，勤劳的父亲就上山砍柴，下地务农，为家庭想尽办法、竭尽全力。

追忆往昔，痛在心头，父亲这辈子从来就没有睡过一次天明觉。父亲也很少给自己添新衣，总是穿着旧衣服，可总是想尽办法让我们吃好穿好。

父亲没有文化，自幼饱尝苦寒，父亲一生与人为善，与世无争，积极乐观，忍辱退让，真切地做到了独善其身。

父亲的勤劳与俭朴在乡邻里更是有口皆碑。父亲是闲不住的人，即便是后来我们的生活渐渐好了，不需要父亲干活养家时，他还总是不听劝，坚持干活，直到积劳成疾。

长年累月的劳作使得父亲的心脏有很多疾病，数次病危，但每次父亲都奇迹般地挺了过来，他在对抗病魔中展现出顽强的生命力，为医护人员惊叹。我深知，父亲不忍离开这个世界，是撂不下我们这些儿女子孙！

暮年的父亲很少说话，经常沉默寡言。大音稀声，父亲的无为之行、不言之教，现在想来常常让我震撼。他用无言告诫我们：一定要堂堂正正，戒骄戒躁……

羊有跪乳，鸦有反哺，儿不孝，未能在床侧朝夕伺候，空留孝心，痛心疾首！如今纸灰摇曳，父亲何在？悔，为虚而争；痛，未能朝夕陪伴；奠，不见父亲。

纸短情长，笔拙意远，十分才思，不尽父亲滴水之恩，万千泪水，难报父亲养育之情。胸闷难耐，思情难排，寥寥数语，权表相思之苦，追念之郁。

逝者托体山阿，生者寄语薄纸。想必父亲在天之灵，能体谅不孝子之思念之苦，天人分离的无限悲伤……

父亲，请您安心地走好！我一定孝顺母亲，携妻教子，关照弟弟一家，不辜负您的期望，秉承父亲对人感恩、对己克制之人格光辉……

我敬爱的父亲，愿您在九泉之下安息！

祭夫文

老公，我们分开已经有一年多时间了，在这个深秋的日子里，我终于为你选定了一块墓地，位于 ×× 的 ×× 山，背面是满山红枫，四周是苍松翠柏，绛紫和墨绿色把气氛点染得凝重而清远。跟我一起去的朋友们都说这是一块风水宝地，但是我知道这不符合你的心愿。

生前，你曾表示希望安葬在一棵国槐下，朴素而安详，低垂着树冠，春天开着一串串淡雅的白色小花。如果我居住在一座四合院，我一定会种上一棵国槐，把你安葬在树下，为你浇水、剪枝，一年年地看着它长得高大粗壮起来，直到有一天我也老去，然后就可以去树下陪伴你……然而，这如今已成为奢望，我只能在心里说："老公，对不起……"

年轻人和中年人总是难以相信死亡，总是觉得活着就一定会有明天，有下次，有弥补的机会和方式。人死了，给活着的人留下的只有遗憾——无可挽回的遗憾。

让我和儿子真正跨越生死，开始习惯没有你的生活，这或许是一个男人能够留给一个女人的全部财富，一个父亲能够留给儿子的真正遗产。

很多朋友怀念你，是因为想起你便想起那个年代，想起那个年代里自己的幼稚与单纯、真诚与梦想。

现在，我们上哪里去寻找当年的 ×× 园、×× 滩、×× 渡，又怎样才能促成当年那种背着瓶啤酒、带着干面包，在野外玩游戏的郊游呢？

我现在相信缘分，尽管你已经离我而去，但是，请你记得我，来生我们还做夫妻。一个男人和一个女人，能走到一起结婚生子，肯定是有理由的，不管那理由在别人看来是多么微不足道、不值一提，但是对于他和她来说，一定是第一的、唯一的理由。

亲爱的老公，安息吧！

常用丧礼主持辞及致辞名句

勤劳一生　音容犹在　重如泰山　千古流芳
浩气长存　万古常青　一别千古　功高德厚
青年楷模　典型安仰　功业长存　毕生忠厚
女中丈夫　巾帼英雄　慈容永存　彤史留芳
永垂不朽　英灵永吊

杳渺双亲无复见，孤哀两字不堪闻。

慎终不忘先父志，追远长存孤子心。

莫报春晖伤寸草，空余血泪泣萱花。

椿影已随云气散，鹤声犹带月光寒。

为国育才曾尽瘁，一生事业永留芳。

以正气还天地，将身心献人民。

名垂宇宙音容如在，功著神州德泽永存。

追忆逝者缅怀前人创业，悼念故人勉励后代接班。

一生俭朴留嘉范，半世勤劳传美风。

为国为民斯人可法，有才有德事业长存。

终天唯有相思泪，寸草痛无益母灵。

满园苗株伤化语，一门桃李哭春风。

何堪一梦飞蝴蝶，竟使千秋泣杜鹃。

一世辛勤范式乡里，终生节俭泽留村邻。

再思再痛痛定思痛，越想越哀哀上加哀。

倏然而去深恩未报，溘然竟逝隐憾难消。

事业垂成瞑目无悲，功德无量于心有情。

日月驶如流一朝永诀，风云诚不测千古同哀。

生前忠节似松凌霜雪，死后高风如水照青天。

敦厚可负实为前辈表率，和谦共仰堪作后人典范。

情凝雪片皆飞白，泪洒枫林尽染红。

福寿全归音容宛在，齿德兼隆名望常昭。

第六章 商务庆典

主持辞及典型致辞

商务庆典有多种形式，本章对其进行了归纳和总结，包括开业开盘、开工竣工、营销展览、奠基揭牌、表彰庆功五部分。

俗话说“杯子底下好办事”。酒桌上会大大缩短人与人之间的距离，许多生意在酒桌上的成功率要远远高于办公室。祝酒的成功往往决定着生意的成功，因此要注意商务庆典上的礼仪，掌握商务庆典主持辞及各种致辞的要领。

商务庆典主持辞及致辞的内容主要是先感谢出席庆典的来宾，接下来介绍这个项目（或者产品），并对各方的合作和支持表示感谢，最后是展望未来，提出美好祝愿。

在有关商务庆典活动的主持中，可以通过对企业发展情况的介绍，增加来宾对项目或产品的了解，为使庆典气氛更加活跃和轻松，可以穿插各种文艺节目。

因具体情况不同，本章中领导讲话和来宾致辞的内容大多省略，表演的节目也因此略去不写，希望能更精炼地把商务庆典主持辞及致辞呈现给大家。

开业开盘

开盘仪式主持辞

尊敬的各位领导、各位客户、各位来宾：

大家上午好！

在这辞旧迎新、阳光灿烂的美好日子，我们在这里欢聚一堂，隆重举行市××开盘庆典仪式。在此，我谨代表××房地产开发有限公司××分公司全体员工对各位的光临表示热烈的欢迎，并祝愿大家在未来的日子里，每天都有好心情，笑口常开；每月都有好收入，四季发财；每年都有好身体，健康长在；永远有个好家庭，幸福恩爱！

××——天成的吉脉旺地；××——绝美的自然花园；××——精典的建筑风格；××——绝佳的人居环境。

××是我区认真学习实践科学发展观和贯彻落实市委、市政府“××”工作思路，大力招商引资，加快新区开发，倾力打造××亮区，在新区开发建设上取得的又一丰硕成果。应邀参加今天庆典仪式的领导和嘉宾有……还有市有关部委和区驻地有关单位的领导，区直有关部门和街道办事处的主要负责人，以及××预约客户等共500多人。让我们以热烈的掌声对各位领导、各位嘉宾、各位朋友的光临表示诚挚的欢迎和衷心的感谢！

首先，请××房地产开发有限公司董事长讲话，大家鼓掌欢迎。

（董事长讲话，略）

下面，请区委书记 ×× 讲话，大家鼓掌欢迎。

(书记讲话，略)

下面，让我们以热烈的掌声欢迎市委副书记致贺辞。

(致辞，略)

现在，请市委副书记 ×× 先生、市人大常委会副主任 ×× 先生、市政协副主席 ×× 先生、区委书记 ×× 先生、区政府区长 ×× 先生、区政协主席 ×× 女士、区人大常委会副主任 ×× 女士、×× 房地产开发有限公司董事长 ×× 先生共同为 ×× 开盘仪式剪彩。

下面，请市委副书记 ×× 先生、市人大常委会副主任 ×× 先生、市政协副主席 ×× 先生、区委书记 ×× 先生、区政府区长 ×× 先生、区政协主席 ×× 女士、区人大常委会副主任 ×× 女士、×× 房地产开发有限公司董事长 ×× 先生共同为 ×× 开盘仪式点睛。

现在，请 ×× 房地产开发有限公司董事长 ×× 先生宣布 ×× 开盘!

×× 房地产开发有限公司董事长 ×× 先生：现在，我宣布：×× 正式开盘，请金卡客户进入销售大厅正式选房!

开盘庆典迎宾辞

尊敬的各位领导，各位来宾，各位新闻界的朋友：

大家好！

今天是公元 ×× 年 × 月 × 日，是一个可以写入 ×× 历史的灿烂日子，能和大家在这里相聚，我感到十分荣幸。

春和景明的 × 月，我们共同庆贺 ×× 城三期营业房隆重开盘。在这里，我谨代表 ×× 城有限公司对各位的光临表示热烈的欢迎和衷心的感谢!

首先，我要感谢 ×× 市委、市政府、×× 区委、区政府、×× 经济开发区及各级部门领导的关心和支持。市、区两级政府要求我们率先在 ×× 建立一个代表目前中国最新市场业态，前期投资达 ×× 亿元的 ×× 城，我们深感责任重大，同时，这也是我们前进的动力。

其次，我要感谢 ×× 镇和 ×× 村干部群众的关爱。我们来自 ××，×× 的创业人员近 × 万人，我们看准 ×× 的一个重要原因就是 ×× 的投资环境良好，政府政策优惠。让我们非常感动的是，自从我们来到这里，你们就把我们当做自家人，没有你们的关心支持，就没有我们 ×× 城如此快速高效的建设和发展。

最后，我要感谢进驻 ×× 城的客商朋友。感谢你们一直以来的厚爱和信任。我们都是在 ×× 市场上拼搏出来的，在商言商，我们不追求最大，我们追求最“棒”。

各位领导、各位来宾，×× 城今天的蓬勃发展，展示了我们明天创业的动力和激情，展示了我们打造 ×× 第一城的信念和决心，展示了一个为在座各位创业赢利、大展宏图的舞台。

庆典到此结束，祝大家身体健康、万事如意、心想事成！再一次感谢大家！

开业大吉晚会主持辞（节选）

男：各位来宾、各位朋友！

女：女士们、先生们！

合：大家晚上好！

男：欢迎各位来到 ×× 大酒店，今天我们欢聚在此，共同祝贺 ×× 公司开张大吉。

女：首先，我代表 ×× 公司，向光临 ×× 公司开张大吉、隆重典礼的朋友们，致以亲切的问候和诚挚的谢意。祝朋友们身体健康、万事如意、笑口常开、幸福常在！

男：只有热爱生活的人，才能感受鲜花的娇艳；只有懂得去爱的人，才能体会到心中的芬芳。祝各位有一个难忘的愉快夜晚。因为你们的光临，今夜成了最美丽的时刻。朋友们，再次感谢你们的支持与厚爱！

女：绿色是生命的颜色，绿色的浪漫是生命的浪漫。祝愿大家永远充满活力，青春常在。

因为你们的到来，今晚的 ×× 世界更精彩，今晚的 ×× 星空更加灿烂，今晚的 ×× 更温暖，今天因为你们而更加幸福！愿你们今后在 ×× 吉祥快乐，芬芳馥郁。愿所有的快乐、幸福、温馨、好运，永远围绕在你们身边！

男：钟声响起来，这是我们温暖的幸福。今晚的 ×× 是一个不眠的夜晚，今晚是一个欢呼的夜晚；为您奉上鲜艳的花朵，献上闪烁的烛光，我们一起欢度这个愉快的夜晚，祝福的花朵，开放在温馨的季节里，为您点缀欢乐的四季。

女：现在，请总经理致辞。

(略)

男：下面，请主管领导致辞。

(略)

男：因为您的光临，这一天，变得绚烂多彩。朋友，祝您快乐！

女：在 ×× 开张的今天，愿所有的吉祥和幸福追随在您的身边！

男：梦境会褪色，繁花会凋零，但您曾拥有过的，将伴您永存。

女：让我的祝福像那悦耳的铃声飘进您的耳畔，永远留驻您的心间！

男：祝福您身体健康，万事如意，越来越年轻!

女：在这令人难忘的日子，世界因为有了您而更加美好，我们爱您——××。

男：亲爱的朋友们，再次感谢你们的光临!

女：祈望我们的 ××，一年比一年美好。愿我们的友情，长存 ×× 公司。

男：今天的晚会到此结束。再次感谢所有朋友的光临！

女：让我们共同期盼明年的今天再次相聚。朋友们，再见!

公司开业庆典主持辞

尊敬的各位领导、各位嘉宾、女士们、先生们：

大家中午好!

五彩祥云空中飘，天边飞来金翅鸟。

今天，我们怀着收获的喜悦迎来了 ×× 公司隆重开业。值此开业庆典之际，我谨代表 ×× 公司的全体员工，向百忙之中莅临我们开业庆典现场的各位领导、各位嘉宾、各界朋友，致以亲切的问候和热烈的欢迎！同时，也向为××公司筹建工作，付出辛勤努力和积极帮助的各界朋友致以诚挚的谢意和美好的祝愿！

喜看三春花千树，笑饮丰年酒一杯。

××公司是一家综合性公司，×年以来，它经历了从无到有，从小到大，从弱到强，走过了辉煌的×年。公司的广大员工，时刻把公司的发展看作自己的责任和义务，时刻保持时代的紧迫感和使命感，以科技实现进步、以文化促进发展、以团结凝聚智慧、以奋斗创造财富。在竞争日益激烈的市场环境中，广大员工时刻抓住机遇，积极开拓，大胆创新，锐意进取，这不仅为公司树立了良好的社会形象，更为广大客户提供了优质的服务。

下面，我隆重宣布，××公司开业庆典正式开始！请鸣炮庆贺！

今天，莅临庆典现场的各位嘉宾和朋友有……

让我们用热烈的掌声欢迎前来参加庆典的各位领导和各位来宾，同时对支持、帮助和参与此项工程建设的各位朋友表示诚挚的感谢。

几载寒暑不眠夜，赢来祝捷爆竹声。

在这举杯欢庆的时刻，我们不会忘记来自各方的鼎力支持，也不会忘记各方的真诚合作。

亲爱的朋友们，今天我们的开业庆典仪式和文艺演出交叉进行，接下来让我们大家共同欣赏歌舞……

（节目略）

女士们、先生们、朋友们，这是新事业、新生活的开始，让我们庆功的美酒醉倒山川！

尊敬的各位来宾、女士们、先生们：××公司开业庆典到此圆满结束。谢谢大家的光临！我们的×经理托我向大家送上一副对联，上联：吃尽桌上美味不要浪费。下联：喝尽幸福美酒不要喝醉。横批：吃好喝好。

最后，祝愿我们在场的每一位来宾未来一帆风顺，二龙腾飞，三羊开泰，四季发财，五福临门，六六大顺，七星高照，八面玲珑，九九同心，十全十美！再次感谢大家的光临！谢谢你们！

协会成立大会主持辞（节选）

各位领导、各位会员、同志们：

今天，我们在此召开 ×× 市 ×× 协会，出席今天成立大会的各位领导和嘉宾有……

这次大会的议程是：

1. 宣读贺信。

2. 大会筹备工作组作筹备工作报告。

3. 审议《市 ×× 协会章程（草案)》。

4. 选举协会第一届理事会理事。

5. 召开一届一次理事会，选举协会会长、副会长、常务理事、秘书长。

6. 宣布一届一次理事会选举结果。

7. 宣读协会顾问、名誉会长名单。

8. 宣布一届一次理事会选举结果。

9. 宣读协会顾问、名誉会长名单。

10. 市民政局领导讲话。

11. 当选会长讲话。

12. 宣读倡议书。

13. ×× 服务队授旗。

14. ×× 集体宣誓。

15. 市领导讲话。

现在，我宣布，×× 市 ×× 协会成立大会现在开幕！

下面进行大会第一项议程……

连锁店开业庆典主持辞

女士们、先生们、各位街坊四邻和朋友们：

大家好！

又是一个金色的十月，又是一个收获的季节。今天，×× 连锁店车马盈门，紫气东来，吉时开业，大富启源！请 ×× 人的锣鼓队震天动地地敲起来！

朋友们！ ×× 连锁店地处风景秀丽的 ×× 市，散发着浓郁的水乡味道！×× 的饮食文化，历史悠久，犹如一路唱着经典的百年老歌，欢笑着奔向了文明古老的 ××。×× 连锁店如今扎根落户在这美丽富饶、繁花似锦、人杰地灵的礼仪之邦——×× 大地上。

首先，有请 ×× 连锁店大堂经理 ×× 先生向大家介绍连锁店的特色文化！ × 总就是一位为江南的美食文化作出巨大贡献的民营企业家，曾经有一位著名的美食专家夸赞他说“名扬塞北三千里，誉满江南百万家”。

下面有请 × 总宣布，×× 连锁店 ×× 店今日开业！

(× 总宣布略，鞭炮齐鸣，锣鼓喧天)

朋友们，祝愿 ×× 连锁店：生意兴隆通四海，财源茂盛达三江。祝来宾朋友、街坊四邻的父老们食用 ×× 美食延年益寿、身体康健、五福临门、万事如意！ ×× 连锁店 ×× 店开业庆典礼成！再次感谢各位的光临！

服装店开业庆典主持辞

各位来宾，各位朋友：

大家好！

金秋 × 月，稻谷飘香，骄阳似火，喜气满堂。

接来千丈布，绣出万家春。

妙手裁去锦，精心剪春光。

今天，是 ×××× 年 × 月 × 日，在社会各界的支持、各位好朋友的关注下，×× 服装店正式开业了。

云锦托出一轮月，时装拥来万朵花。

中西内外件件美，春夏秋冬样样新。

愿将天上云霞色，化作人间锦绣裳。

我是司仪 ××，很荣幸能主持今天的开业典礼，在此，我代表本店的经理 ×× 先生，对大家的光临捧场表示衷心的感谢！同时，我也代表今天到场的各位好朋友，真诚地祝愿 ×× 服装店财源广进，生意兴隆！

所谓“春服既成凭君选择，寒衣俱备售价公平”，我们 ×× 服装店聘请的是具有多年经验的专业裁剪师 ×× 名，有着高超精湛的技艺，本着让顾客“选选挑挑人人满意，看看试试件件称心”的准则，精工细作，精益求精，尽全力保证让每个顾客高兴而来，满意而归。

俗话说：“人靠衣衫马靠鞍，长得好看全在穿。”×× 服装店的技术究竟达到什么程度，让我来打个比方，比如进去一个老太太，出来的一定是个大姑娘；进去一个小伙子，出来的是一个大帅哥！走在大街上，回头率百分之二百！无论你的“自然灾害”多么严重，“考古价值”多么珍贵，长得多么“对不起观众”，穿上本店精心裁制的锦装，你就会风度翩翩，神采奕奕，找回自信，开创新天地！

×× 服装店从筹备到开业，一直得到社会各界人士的关心和帮助，我们 ×× 经理心里十分感谢，一会儿每个人将得到本店精工裁制的衬衫一件，并在 ×× 酒楼准备了丰盛的宴会，感谢大家的厚爱与支持。下面，请 ×× 经理致辞，大家鼓掌热烈欢迎！

（×× 经理致辞，略）

……

酒店开业庆典主持辞

龙腾四海，凤舞九天；光耀酒店，鸿业竣开！

香飘万家，技艺精湛；四面得利，八方进财！

尊敬的各位领导，各位来宾，女士们、先生们，大家好！

金秋十月，秋风送爽！

大家好，今天是 ×× 年 × 月 × 日，四面八方的朋友们欢聚一堂，为了庆祝 ×× 市 ×× 大酒店开业庆典。

现在良辰吉时已到，我宣布：开业庆典仪式正式开始！鸣炮！奏乐！

首先我代表 ×× 大酒店的总经理 ×× 先生对各位领导、各位嘉宾、各界朋友的光临表示最热烈的欢迎和最诚挚的谢意！

× 经理年轻有为，可以说是我们当今市场经济大潮中的佼佼者，弄潮冲浪，挥洒自如！他不惜重金购下了现在 ×× 大酒店所在土地的使用权，建成了我市有史以来最高档豪华的 ×× 大酒店。本酒店星级水准，工薪消费。聘请名师主灶，技艺高超，可谓“名震塞北三千里，誉压江南十八楼”！

下面就让我们大家以热烈的掌声有请 ×× 大酒店的总经理 ×× 先生致辞！

（总经理致辞，略）

× 经理话语不多，句句精彩，答谢亲友，肺腑之言！

在此，我也代表所有到场的来宾朋友祝贺 ×× 大酒店开业大吉，财源茂盛，生意兴隆，天天客常满，杯杯酒不空！×× 酒店必然会成为餐饮业的一颗璀璨的新星！

×× 大酒店有今天，离不开各位的厚爱和我们市委领导的鼎力支持，下面有请市委 ×× 书记致辞。大家鼓掌！

（领导致辞，略）

非常感谢！领导就是领导，果然名不虚传，气度不凡！不仅人帅气，连口才都顶呱呱！

最后，请各位共同举杯，将心中的祝福送给 ×× 大酒店，祝 ×× 大酒店生意兴隆，八方财进，抬头见喜，低头见人民币！

非常感谢各位今天能够光临，我们 ×× 大酒店为了答谢各位领导和来宾，精心准备了开业庆典宴会，请各位随我一起步入 × 楼宴会厅入席。

开工竣工

学校落成典礼主持辞

尊敬的各位领导、各位来宾、同志们：

大家好！

在“六一”国际儿童节即将到来的日子里，在省委 ×× 书记的关怀下，在 ×× 集团及各级教育部门的大力支持和帮助下，我们终于迎来了期盼已久的时刻——×× 小学正式落成，今天举行落成典礼！

这是 ×× 教育发展史上的一件大好事，在此，我代表 ×× 县 ×× 多万人民，向关心和支持 ×× 小学建设的各级、各有关部门领导和社会各界，表示衷心的感谢并致以最崇高的敬意！

首先，让我们用热烈的掌声，向出席今天落成典礼的各位领导和嘉宾、各界朋友表示热烈的欢迎！

我宣布，×× 小学落成典礼正式开始！

下面进行第一项，升国旗，奏国歌。请全体起立。

第二项，请少先队员给来宾佩戴红领巾。

第三项，请 ×× 先生为 ×× 小学揭牌。

第四项，请 ×× 乡党委书记 ×× 先生对工程建设情况作介绍。

第五项，请学生、群众代表发言，校长讲话。

第六项，请县委书记 ×× 讲话。

同志们，今天落成的绝不仅仅是一所学校，更重要的是一种爱心，是对国家、民族，对贫困山区孩子的爱心；同时也象征着一种精神，即热心教育、济世扶贫、无私奉献的精神。我们要让这种爱心、这种精神传承下去，在一代又一代人中发扬光大！

今后，县、乡、村三级一定要在各方面加大对 ×× 小学的支持力度，努力将学校办成全县农村的一流学校。

学校师生，一定要珍惜机会，发愤图强，用良好的教学质量，优异的学习成绩，回报各级领导和社会各界人士，培养出国家的栋梁之才。

再次感谢各位领导、各位来宾对 ×× 县教育的厚爱，衷心祝愿在座的各位身体健康，万事如意！

谢谢大家！

公路开工典礼主持辞

各位来宾：

大家好！

在这春风送暖、阳光明媚的日子里，在县委、县政府的正确领导下，在市公路局和 ×× 省 ×× 交通责任有限公司的大力支持下，在 ×× 国道 ×× 段沿线党委、政府和有关职能部门的有力配合下，×× 国道 ×× 段改善工程各项准备工作已全部就绪。

今天，我们欢聚在这里，隆重举行 ×× 国道 ×× 段改善工程开工典礼！

参加今天开工典礼的有……

在这里，首先请允许我向大家介绍两位贵宾：这位是市公路局局长 ×× 同志，他是我县 ×× 镇人，长期以来十分关心并倾力支持家乡建设。× 局长多次亲临现场指导，充分利用政策，整合各方面资源，在资金上给予了强有力的支持。这位是 ×× 省 ×× 交通责任有限公司董事长 ×× 先生。×× 先生是 ×× 人民的老朋友，他关心 ×× 公路交通事业，支持 ×× 地方经济发展，为 ×× 人民所爱戴。

今天，他们在百忙之中莅临 ××，支持 ×× 国道 ×× 段改造。让我们以热烈的掌声对两位贵宾和各位的到来表示热烈的欢迎和衷心的感谢！

现在，我宣布：×× 国道 ×× 段改善工程开工典礼现在开始！

典礼进行第一项：鸣炮，奏乐！

典礼进行第二项：请县公路局局长 ×× 同志介绍工程情况。大家欢迎！

典礼进行第三项：请施工单位代表 ×× 同志发言。掌声有请！

典礼进行第四项：请沿线乡镇代表、×× 镇党委书记 ×× 同志发言。有请！

典礼进行第五项：请公检法部门代表、县公安局局长 ×× 同志发言。大家欢迎！

典礼进行第六项：请 ×× 省 ×× 交通责任有限公司董事长 ×× 先生讲话。大家热烈欢迎！

典礼进行第七项：请市公路局局长 ×× 同志讲话，大家鼓掌欢迎！

典礼进行第八项：请县委副书记、县政法委书记、×× 国道 ×× 段改善工程指挥部政委 ×× 同志讲话，大家欢迎！

同志们，×× 国道 ×× 段改善工程的建设，事关我县交通状况的改善，事关 ×× 对外开放形象的树立，事关 ×× 集团的长期运营效益。同时，它也是一项功在当代、利在千秋的伟大功程！

工程建成后，将极大改善沿线农业生产条件，为沿线农民抗灾夺丰收奠定坚实的基础，此项工程可谓同时具有良好的社会效益、经济效益和生态效益。

我们相信，在各有关部门的保驾护航下，×× 国道 ×× 段改善工程一定能够保质保量按期完工，为实现 ×× 经济的腾飞作出重要的贡献！

投产剪彩仪式主持辞（节选）

各位领导、各位贵宾、同志们、朋友们：

大家好！

在举国上下认真落实科学发展观，抢抓机遇，加快发展的大好形势下，在 ×× 佳节即将来临之际，在这个充满喜庆祥和的日子里，我们欢聚在此，隆重

举行 ×× 市 ×× 有限公司投产剪彩仪式。首先，让我们以热烈的掌声祝愿 ×× 有限公司在我市大展宏图，事业兴旺！

参加今天剪彩仪式的各位领导和来宾有……

出席今天剪彩仪式的 ×× 市 ×× 有限公司的领导是：总经理 ×× 先生和副总经理 ×× 先生。

出席今天剪彩仪式的还有：中共 ×× 市委办、人大办公室、政府办、市政协办公室、计委、宣传部、招商局、优化局、经贸委、土地局、建设局、环保局、公安局、国税局、地税局、工商局、技监局、供电公司的负责同志和 ×× 电视台等新闻单位的记者，以及全体党政班子成员、机关干部、各部门负责人、各村支部书记等共 ×× 余人。

让我们用热烈的掌声对各位来宾的光临表示亲切的问候和热烈的欢迎！

下面，我宣布：×× 市 ×× 有限公司剪彩仪式正式开始！

仪式进行第一项：鸣炮奏乐。

请 ×× 市 ×× 有限公司的总经理 ×× 先生致辞。

请 ×× 市招商局局长 ×× 先生致辞。

下面，请 ×× 镇党委书记 ×× 同志致辞。

下面举行剪彩仪式。

让我们以热烈的掌声请各位贵宾和领导为项目剪彩！

鸣炮奏乐！

……

宾馆开工奠基仪式主持辞

尊敬的各位领导、各位来宾、女士们、先生们：

携手并进，同心同德共创宏图伟业；诚信互惠，×× 宾馆再谱崭新篇章。

×× 宾馆建设开工奠基仪式现在开始！出席今天开工奠基仪式的嘉宾和省市领导有……

首先，我代表中共 ×× 县委、×× 县人大常委会、×× 县人民政府、政

协 ×× 县委员会及全县人民，向百忙中出席并指导今天开工奠基仪式的各位领导、各位嘉宾表示热烈的欢迎和诚挚的感谢！这里，我要特别感谢爱心捐赠、不求回报、无私奉献的企业家、慈善家 ×× 先生和 ×× 女士。他们是一对创业夫妻，更是致富不忘回报社会、具有慈悲心肠、热爱扶贫济困事业的仁人志士，近年来，他们向社会捐赠的各项款物已达 ×× 多万元。

各位领导，同志们、朋友们，×× 宾馆的开工奠基，标志着我县旅游产业开发翻开了新的一页，对于我县提升旅游接待服务水平、打造 ××“红、绿、古”三色旅游品牌、加速旅游支柱产业建设具有里程碑的划时代意义。

×× 先生和 ×× 女士对 ×× 的关注始于 ×× 年。当他们得知 ×× 是全国最贫困的县之一，并和我县现任县委书记、时任政府县长的 ×× 同志相识后，于 ×× 年率领集团董事会成员，千里迢迢来 ×× 考察慰问。× 年以来，共给我县贫困户发送慰问金 ×× 多万元，投资捐建 × 所希望学校共 ×× 万元，特别是二位力排众议、慈善扶贫、不求回报，用他们个人资金投资兴建 ×× 宾馆，并当即给我县汇来 ×× 万元作为前期工作费用。×× 宾馆项目建设总投资 ×× 多万元，总建筑面积 ×× 平方米。

大家从效果图上可以看到，这是一座具有江南水乡特色的园林式宾馆，最高楼层为 × 层，庭院全部由亭台廊桥和水榭湖面来构成。建成后，它将是 ×× 乃至 ×× 地区最有特色的仿古园林式宾馆，将成为我县一个靓丽的新景点。

我们无法用语言来表达对 ×× 先生和 ×× 女士的感激之情。在以后的日子里，我们将以实际行动，把 ×× 宾馆建设好、管理好，让它发挥富民强县的最佳效应，不辜负二位的一片真情！

让历史的脚步在这里稍作停留，×× 人民将永远记住 ×××× 年 × 月 × 日这个刻骨铭心的重大日子。

请允许我代表 ××（地名）×× 万人民，向亲临现场的 ×× 先生和远在 ×× 省的 ×× 女士深深地鞠上一躬。

现在，请少先队员代表向 ×× 建设集团董事长 ×× 先生、总工程师 ×× 先生献花。

下面，请大家以热烈的掌声欢迎 ×× 先生讲话！

下面，请中共 ×× 县委书记 ×× 同志讲话。

下面，请 ×× 省饭店协会 ×× 会长讲话。

……

×× 市人民政府 ×× 市长宣布：为 ×× 宾馆开工建设隆重奠基！

(奏乐，鸣炮)

开工奠基仪式到此结束。谢谢各位领导、各位嘉宾的光临指导；谢谢参加仪式的全体干部群众，特别是为奠基仪式付出辛勤劳动的少先队员、×× 健身队员、施工队工程人员和大会工作人员。谢谢！

竣工投产典礼主持辞

尊敬的各位领导、各位嘉宾、同志们、朋友们：

大家好！

蓝天丽日，云淡风轻，彩旗飘扬，锣鼓齐鸣。我们的典礼即将开始，请嘉宾上台就座！

非常高兴在这样一个喜气洋洋的时刻，大家欢聚一堂，今天是个特别的日子，让我们一起见证这个激动的时刻，同时，一起分享 ×× 公司跨越式发展带来的成功与喜悦。

下面，我宣布，×× 公司 ×× 三期工程全面竣工投产典礼现在开始！

请全体起立，升国旗，奏国歌！

(升旗仪式结束，全体请坐)

下面，请允许我介绍在座的领导和嘉宾，他们是……

接下来，请中共 ×× 县委书记、县人大常委会主任 ×× 同志致欢迎辞。

下面，请客商代表 ×× 董事局主席 ×× 先生讲话。

下面，请客商代表 ×× 总经理 ×× 先生讲话。

下面，请 ×× 市 ×× 同志讲话。

下面，请中共 ×× 市委书记、市人大常委会主任 ×× 同志讲话。

(讲话和致辞略)

现在我宣布，×× 公司 ×× 三期工程全面竣工投产典礼现圆满成功，再次感谢各位领导和嘉宾的光临，谢谢大家！

竣工剪彩仪式主持辞

各位领导、各位来宾、同志们、朋友们、乡亲们：

大家上午好！

在市委、市政府的亲切关怀下，在省、市 ×× 银行和 ×× 委等上级部门的大力支持下，在县直各部门和全县广大干部群众的共同努力下，我县 ×××× 年 ×× 工程胜利竣工了。

今天，我们在这里隆重举行剪彩仪式，这是全县 ×× 万人民的一件大事，也是我县建设上的一个重要里程碑。

参加今天剪彩仪式的有……让我们以热烈的掌声对他们的到来表示诚挚的欢迎和衷心的感谢！

现在我宣布，×× 县 ×××× 年 ×× 工程剪彩仪式开始。鸣炮奏乐！

下面，请 ×× 县委副书记、纪委书记 ×× 同志介绍我县 ×× 年 ×× 工程建设情况，大家欢迎！

下面，请 ×× 市政府 ×× 副市长作重要讲话，大家欢迎！

下面，请 ×× 县政府县长 ×× 同志讲话，大家欢迎！

下面，请 ×× 市政府 ×× 副市长，国家 ×× 银行 ×× 省分行 ×× 处长，×× 市 ×× 委 ×× 主任，县委书记 ×× 同志，政府县长 ×× 同志，县委副书记、纪委书记 ×× 同志，县委常委、政府常务副县长 ×× 同志，县委常委、宣传部长 ×× 同志，县委常委、政法委书记 ×× 同志，共同为 ×× 县 ×× 年 ×× 工程胜利竣工剪彩。

……

现在我宣布，剪彩仪式结束。请各位领导参观我县城建重点工程。

营销展览

酒业订货会迎宾辞

尊敬的各位来宾：

上午好！

三月明媚的阳光为我们带来了无限的商机。在这个充满希望的日子里，我们相聚在美丽的 ×× 湖畔，寻求互利共赢的机会。在此，我谨代表 ×× 公司，对今天出席订货会的各位嘉宾、新老朋友，致以热烈的欢迎和衷心的感谢！

对于企业经营来讲，发展不容易，百年老店更不容易，但是 ×× 公司已有三百年的历史。在不断变革、创新，与时俱进中，×× 的历史还在继续：从 ×× 品牌到 ×× 品牌，从区域品牌到全国品牌，我们不断突围。新产品的研发，家用酒、礼品酒、餐饮酒产品系列的形成，营销区域的不断扩展，×× 公司正一步步走向辉煌。

艰苦奋斗、勤俭创业是 ×× 人的优良传统，勤劳、善良、俭朴是 ×× 人的美德，善于接受新事物、开拓进取是 ×× 人的观念，谋发展、求进步是 ×× 人的强烈愿望。×× 人一直认为“行动为王”。让好产品卖得更好，让人们生活得更好；做中国最大的保健酒企业，我们有这样的雄心与信心！在有计划、有行动、有坚持的目标中，我们迎来了成功的喜悦。我相信，在 ×× 人的共同努力下，我们一定会在新时期焕发出新的光彩！

无可比拟的历史文化，顺应时代的纯植物中草药，经过历史检验的科学配方，几百万人的消费基础，使 ×× 公司的产品成为可持续经营的大项目。因此，可以说，×× 公司是一块蕴藏着丰富资源的土地，是一片有着巨大潜力的矿藏。

“春节经济”是全新的经济现象，厂商携手合作，共同把握春节商机，是企业短时间内“经营获利”的良好途径。与 ×× 公司建立良好的合作关系，共同感受市场的丰盛与活力，感受丰收的喜悦，实现共同的发展、共同的繁荣。我们愿意在客户的关心与支持中成长，我们所追求的目标就是实现双方的共赢。

感谢多年来与 ×× 公司共同发展的老朋友，同时欢迎加入 ×× 公司的新朋友。你们选择了 ×× 公司，就是选择财富滚雪球般的快速积累；选择了 ×× 公司，就是选择公司的快速稳健发展。

各位来宾、朋友们！不管是新朋友还是老朋友，在此，祝我们合作愉快！再次感谢在座的所有朋友，祝愿大家今年有大的收获，愿大家新年新气象，身体健康，万事如意！

花卉项目签字仪式主持辞

各位领导、各位朋友、女士们、先生们：

大家好！

在这七月流火、八月锦绣的盛夏，在万木争荣、百花争艳的 × 城，我们尽享青山秀水给予我们的抚慰和滋润，尽享园林美景给予的舒适和愉悦。

在这样美好的季节里，×× 有限责任公司 ×× 亩花卉项目今天举行签字仪式。应邀前来参加这个仪式的市领导和市直部门的负责同志有……

让我们以热烈的掌声对各位领导和来宾的到来表示热烈的欢迎！

首先，我向大家汇报一下该项目的工作情况。此花卉项目从去年 × 月份开始谈判，到今天正式签约，进展过程中，得到了 ×× 单位的大力支持，在项目用地的测量、绘图等多个方面都作出了积极的努力。×× 有限责任公司对这个项目进行了多次考察、论证；×× 村通过召开村“两委”会议、村民代表大会，赢得了群众的理解和支持，保证了项目的顺利实施；镇政府为促使项目尽快落户，在项目区内重新铺设了一条长 ×× 米、宽 × 米的沙石路。

在各方的共同努力下，今天这个项目正式签约了！在此，我代表 ×× 有限责任公司向一直关注、支持项目发展，关注、支持 ×× 镇发展以及想前来投资的各位领导、朋友表示诚挚的谢意！

我们将为项目的顺利实施提供优质服务，为企业发展创造一流的服务环境、工作环境和社会环境，全方位支持项目在 ×× 镇的发展壮大。同时，希望 ×× 有限责任公司能够按照合同的要求，组织好项目的落实，力争使项目尽快发展成带动我镇经济结构调整的龙头。我相信，在我们的共同努力下，在上级领导和部门的大力支持下，这一项目一定能够在 ×× 镇健康发展，投资者也一定会得到丰厚的回报！

请 ×× 有限责任公司董事长 ×× 先生讲话！（略）

请市领导 ×× 先生讲话！（略）

下面，进行签字。

最后，祝愿各位领导、各位来宾身体健康，工作顺利，财源广进，事业兴旺！

谢谢大家！

慈善拍卖会主持辞

男：尊敬的各位来宾、女士们、先生们！

女：大家下午好！

男：生命因爱而美丽。

女：生活因爱的传递而精彩。

男：欢迎各位在这个阳光明媚的下午参加“××”大型慈善拍卖会，共同感受这里的如火氛围，共同为那些失去家园的孩子献上一份爱心。

女：本次活动是由中国社会工作协会儿童社会救助工作委员会、儿童希望基金爱心者、×× 拍卖有限责任公司联合举办。在此，我们要特别感谢为本次义卖提供艺术品的所有艺术大师以及慈善人士。

男：本次拍卖会上展示的有 ×× 国际书画院院长著名书画家 ×× 的

《××》；国家一级美术师、中国××书画院副院长××的《××》；中国××书画院院长、全国人大代表××的《××》；著名诗人××的书法作品、画家××的书法作品等。让我们用热烈的掌声，为所有提供拍卖品以及出席参加本次拍卖会的嘉宾们表示最诚挚的感谢！

女：汶川地震让无数美丽家园瞬间变成废墟，无数的孩子失去了完整的家园，失去了学校……我们无法挽留他们的父母，但我们能向他们伸出援助之手，为他们送去温暖、送去光明、送去希望。今天我们共征集了××套拍卖品和××套工艺义卖品，在这个阳光明媚的午后现场义拍义卖，本次拍卖所得的所有款项将以本次活动的名义捐给中国儿童希望基金，用于帮助灾区及困境中的孩子们！

男：在这里，我们还特别邀请到中国社会工作协会儿童××工作委员会副主任××先生。×主任，原在民政部社会福利处工作，自××年起任中国社会工作协会儿童希望救助基金工作部主任。让我们用热烈的掌声欢迎×主任为本次拍卖会致辞！

（致辞略）

女：感谢×主任，在此还要感谢支持本次活动的媒体，同时，特别感谢场地提供方××饭店的大力支持。

男：拍品有价，真情无价！让我们进入今天的主题，现在我宣布，“××”大型慈善拍卖会正式开始！

女：在今天的义拍义卖工艺品中，还有一幅特别的作品没有送到，因为它将在下个节目中诞生。今天我们有幸邀请到身残志坚的青年画家来到拍卖会现场泼墨，请大家用热烈的掌声欢迎×先生的到来！

男：今天的拍卖会分成两个部分，其中将由儿童希望基金爱心志愿者为大家穿插献上精彩的文艺表演。他们来自各行各业，是充满激情与梦想的爱的使者。请大家欣赏由爱心志愿者××为大家带来的女声独唱《××》。（略）

女：俗话说：危难之际真情现。地震发生，爱情、亲情、友情，无数基于真情的感人事迹演绎着动人心弦的故事，现在请大家欣赏由爱心志愿者演绎的一个真实的故事《××》。掌声有请。（略）

女：感谢我们的志愿者，下面，我宣布，今天的大型慈善义拍活动开始，生命因爱而精彩，孩子的未来因您的存在而不同！有请 ×× 拍卖有限公司拍卖师 ×× 先生。

（第一轮拍卖，略）

男：感谢拍卖师，感谢各位参与竞拍的朋友。现在我们先休息一下。大地的摇动带来了房屋与心灵的震颤，也带来了废墟之上的回声，请大家欣赏配乐诗朗诵《××》。

（第二轮拍卖，略）

女：有请竞买人发言。人类在自然面前是那么渺小，而生的价值与意义是那么珍贵。似乎现在才能真切体验到"活着，真好"。活着，其实是最大的承担，也是一份爱与希望的寄托。下面请欣赏配乐朗诵《××，××》。

（第二轮拍卖结束，一个节目表演）

男：再次感谢所有嘉宾，有请儿童希望基金会 × 主任为大家宣布本次拍卖会获得的款项总额。

女：感恩的心，感谢有你，生命因为爱而精彩，世界因为有你而不同。有请 ×× 实验学校学生代表以及志愿者代表 ××，引领全场共唱与表演手语《××》。

合：再次感谢拍卖品提供者及竞买人，本次拍品的成交价格可能会与作品的实际市场价值存在较大偏差，无论高于或低于市场价值，都是拍卖品提供者及各位在座竞买嘉宾的爱心。请大家将目光转向义卖现场，将您所心爱的工艺品带回家中，将您的真心留给灾区以及困境中的孩子们吧！

项目推介招待酒会主持辞

尊敬的各位嘉宾、女士们、先生们：

大家好！

× 月的 ×× 大地，稻谷飘香，鲜花盛开，在这丰收喜庆的季节里，在第 × 届中国 ×× 投资贸易博览会盛大开幕之际，×× 市委、市政府今天在这里隆重举行 ×× 市项目推介招待酒会。

出席今天招待酒会的 ×× 市领导……

应邀出席今天招待酒会的嘉宾有……

首先，我代表中共 ×× 市委、×× 市人民政府及中国 ×× 投资贸易博览会 ×× 市组委会，向出席今天招待酒会的各位嘉宾和各界朋友们表示热烈的欢迎和衷心的感谢！

这次酒会的成功举办，得到了 ××、××、×× 的支持，在此，向他们表示诚挚的谢意！

今天的招待酒会共有两项议程：第一项是请中共 ×× 市委书记 ×× 致辞；第二项是请中共 ×× 市委副书记、市长 ×× 作项目推介。

首先，请中共 ×× 市委书记 ×× 致辞。(致辞略)

下面，请中共 ×× 市委副书记、市长 ×× 作项目推介。(略)

××，是一座充满活力的美丽城市，更是一座蕴涵无限发展潜力和商机的城市，优越的地理位置、丰富的资源、四通八达的交通……一定会有你们事业发展的新空间，投资 ×× 的新舞台。开放的 ×× 欢迎你们，×× 万 ×× 的人民欢迎你们！

希望借助中国 ×× 投资贸易博览会这个良好的发展平台、借助这次酒会，进一步增进了解，加深友谊，促进合作，共同发展。

现在，我郑重宣布，招待酒宴现在开始，让我们共同举杯，为在座的各位嘉宾身体健康、事业兴旺，也为我们今后的合作愉快，干杯！

交易会主持辞

尊敬的各位领导、各位嘉宾、女士们、先生们：

大家好！

金秋十月、大地流金，在这美好的季节里，我们怀着无比喜悦的心情，迎来了第 × 届中国国际服装交易会，也迎来了从五湖四海莅临我县的各位领导和嘉宾。第 × 届中国国际服装交易会让新老朋友欢聚一堂，共叙情谊、共谋发展、共创未来、共享成果。你们的到来，使今天成为 ×× 永远值得纪念的节日！

借此宝贵的机会，我谨代表 ×× 县委、×× 县人民政府以及热情好客的 ×× 人民，向远道而来参加服装交易会的各位领导、各位来宾、各位朋友表示热烈的欢迎和衷心的感谢！

现在，我宣布，第 × 届中国国际服装交易会现在开始！

今天开幕式的第一项议程是，请 ×× 副省长宣布第 × 届中国国际服装交易会开幕并启动开幕式按钮。

让我们以热烈的掌声感谢 × 副省长对本次服装交易会的关心和支持！

下面进行第二项议程，请国家 ×× 信息中心 ×× 主任讲话。

第三项议程，请 ×× 省 ×× 局 ×× 局长讲话。

第四项议程，请 ×× 省 ×× 有限公司 ×× 总经理讲话。

第五项议程，请 ×× 企业代表、×× 酒店副总经理 ×× 讲话。

第六项议程，请省 ×× 局 ×× 局长与 ×× 省 ×× 有限公司 ×× 总经理签订 ×× 合作协议。

第 × 届中国国际服装交易会开幕式到此结束，衷心祝愿本届服装交易会圆满成功，×× 的明天更辉煌。祝在座所有来宾身体健康、生活美满、事业辉煌！谢谢大家！

博览会开幕式主持辞

尊敬的各位领导、各位来宾：

大家上午好！

今天是个特殊的日子，我们欢聚在美丽富饶、充满活力的 ×× 省 ×× 市，共同庆祝第 × 届“中国 ×× 投资贸易博览会”。我是 ×× 电视台节目主持人 ××。

在这金色的秋天，承载收获、洋溢喜悦的日子，来自 ×× 及世界各地不同肤色、不同民族、不同语言的人们，怀揣着共同的希望和目标，不远万里，相聚 ××、相聚 ××、相聚本届“中国 ×× 投资贸易博览会”。这是中国与 ×× 及世界各国真诚互动、友好往来的桥梁和纽带，是寻求商机、谋求发展、开

创 ×× 地区共同繁荣的重要平台。

随着全球经济一体化进程不断加深和区域经济发展日趋活跃，中国政府继建设沿海经济特区、开发浦东新区和实施西部大开发战略之后，进一步提出了振兴东北地区等老工业基地的战略。

经过一段时期的调整与改造，东北地区等老工业基地正逐渐成为中国当前及今后一个时期经济快速增长的重要区域。同时，由于地缘等优势，东北地区等老工业基地在与 ×× 地区各国的长期经贸合作与友好交往过程中，结下了深厚友谊，为推进 ×× 区域经济的共同繁荣奠定了坚实的基础。

在这样一种时代背景下，国务院批准在东北地区搭建起 ×× 投资与贸易平台，进一步加强与 ×× 及世界各国家和地区在经济、文化等诸多方面的合作。×× 省为中国东北老工业基地的重要组成部分，拥有良好的 ×× 业基础，丰富的生态和自然资源，以及便利的交通运输条件，且在振兴东北老工业基地进程中已经发挥和正在发挥着积极作用，努力实现着经济的跨越式发展和社会的全面进步。

本届“中国 ×× 投资贸易博览会”旨在构建我国与 ×× 及世界各国之间互利双赢、交流合作、竞争开放的长期合作平台。本届展会的主题是“××、××”，宗旨是“构建合作平台，打造招商品牌，展示区域形象，促进共同发展”。展会将面向全球商界开放，以投资洽谈、货物贸易、经济合作、文化交流、高层论坛为主，突出 ×× 各国的经贸特征、区域特色、产业特点，努力使各国的参与者通过这次博览会寻求商机，获得发展，实现共同繁荣。

尊敬的各位嘉宾，亲爱的朋友们，现在，位列大会主席台上的各位贵宾已经陆续上台，下面由我来为大家一一介绍。

站在大会主席台左右两侧的贵宾有……

站在大会主席台的还有 ×× 省委、省人大、省政府、省政协、省纪检委员的领导同志。

现在有请主席台中区贵宾入场。

下面，有请大会组委会主任、×× 省省长 ×× 先生主持第 × 届“中国 ×× 投资贸易博览会”开幕式。

× × 省长上台主持开幕式。(略)

商务部 × × 部长致辞。(略)

国务院振兴东北办 × × 主任致辞。(略)

× × 省委书记 × × 致辞。(略)

感谢各位领导的致辞!

各位领导、来宾、朋友们，现在正在绽放的是美丽的春城之花——× ×，它是 × × 合作的友谊之花，预示本届“中国 × × 投资贸易博览会”在大家的共同努力之下，像这美丽的 × × 一样盛开、绚丽夺目。满天的和平鸽和徐徐升空的彩球，预示在“中国 × × 投资贸易博览会”带动之下，中国与 × × 及世界各国的经贸交往将不断加深，× × 区域经济合作将蒸蒸日上，蓬勃发展!

第 × 届“中国 × × 投资贸易博览会”就要结束了，再次感谢各位领导和嘉宾的到来。下面，请各位嘉宾参观……

展览会开幕晚宴致辞

女士们、先生们：

晚上好! “中国国际 × × 展览会”今天开幕了。今晚，我们有幸邀请到各界朋友到此欢聚，感到十分高兴。我谨代表中国国际贸易促进委员会 × × 市分会，对各位朋友参加我们的招待会表示热烈的欢迎!

“中国国际 × × 展览会”自上午开幕以来，引起了我市及外地科技人员的极大关注。这次展览会在 × × 举行，为来自全国各地的科技人员提供了经济技术交流的好机会。我相信，展览会在推动这一领域的技术进步以及经济贸易的发展方面将起到积极作用。希望每一位朋友都能抓住机会，参与其中、施展才干、创建业绩、赢得未来。

今天在座的各位来宾中，有许多是我们的老朋友，我们之间有着良好的合作关系。对于你们的真诚合作精神，我们表示由衷的赞赏和感谢。同时，我们也热情欢迎来自各国各地区的新朋友，能借此机会与各位结识是我们的荣幸。

今晚，各国朋友欢聚一堂，我希望中外同行广交朋友，寻求合作，共同度过一个愉快的夜晚。

最后，请大家举杯，为“中国国际 ×× 展览会”的圆满成功，为了朋友们的健康，干杯!

新产品发布会迎宾辞

各位嘉宾，亲爱的朋友们：

大家好！

× 月的 ×× 金风送爽，五谷飘香。非常感谢大家在百忙之中光临 ×× 集团公司 ×× 展览会暨新产品发布会。×× 集团公司是一个拥有 ×× 年历史的以 ×× 产品为主的多元化企业集团，产品涉及 ×× 制造行业、×× 行业、×× 行业和 ×× 行业，下有 ×× 家子公司。近 × 年来，×× 集团大力推行人文管理，大胆尝试体制创新，企业平均每年以 ××%左右的增长速度飞速发展。到 ×× 年，×× 将步入 ×× 周岁，×× 集团的决策层已经描绘了美好的蓝图，我们相信，在你们的支持和帮助下，集团的明天会更美好！

在 ×× 产品中，×× 已经占据了主导产品位置。随着 ×× 品牌知名度的不断提高，×× 集团核心企业和各子公司越来越清晰地认识到了 ×× 的巨大市场潜力，纷纷选择了适合于自己的产品进行开发生产。本次展览会上 ×× 集团将推出自动 ×× 机、高速 ×× 机、两种 ×× 机，以及 ×× 机、×× 机和 ×× 机等新产品，×× 集团一次性推出 × 种 ×× 新产品，在同行业中还属少见，这显示了 ×× 强大的产品开发实力和超群的机械制造实力。×× 集团公司，正在将自己打造成一个 ×× 城。×× 公司，值得您信赖!

近 × 年来，×× 集团公司之所以能实现稳健的经营，与 ×× 实践以“人文管理”为核心的企业文化分不开，倡导诚信经营，关注市场的需求和发展。我们认为发展要靠合作，而我们之间正是一种互相支持的合作。

本次会议期间，为了全方位地展示 ××，我们安排了各项活动请您参加，欢迎各位嘉宾提出宝贵意见，让我们在合作之中实现共赢。

谢谢大家!

奠基揭牌

揭牌仪式主持辞

尊敬的各位领导、各位嘉宾、女士们、先生们：

大家上午好！值此中国 ×× 集团公司成立 ×× 周年纪念日，我们欢聚一堂，在这里隆重举行中国 ×× 公司 ×× 部揭牌仪式，请允许我代表 ×× 公司，对大家百忙之中来出席今天的揭牌仪式的各位来宾表示衷心的感谢，并致以亲切的问候！

下面，请允许我介绍在座的领导和嘉宾，他们是……

(介绍领导和嘉宾，略)

参加今天揭牌仪式的还有：党政班子全体成员、全体机关干部、企事业单位负责人、新闻媒体记者共计 70 余人。

今天的活动共有两项内容：一是由 ×× 公司董事长 ×× 先生讲话；二是由 ×× 书记等相关领导进行揭牌。

下面进行活动第一项内容，请 ×× 公司董事长 ×× 先生讲话。

下面进行揭牌仪式，请 ×× 党委书记 ×× 同志为“中国 ×× 公司 ×× 部”揭牌。

……

中国 ×× 公司 ×× 部揭牌仪式到此结束，再次感谢各位领导和嘉宾的光临，祝大家身体健康、工作顺利、万事如意！

颁证仪式主持辞

主持人：女士们、先生们：大家好！在这欢天喜地的日子里，我们欢聚一堂，共同庆祝 ×× 公司的颁证仪式。

现在，我宣布，×× 公司颁发证书仪式开始！

今天的议程共有八项。第一项介绍与会领导、来宾及新闻界朋友。他们是……

（一一介绍，略）

让我们以热烈的掌声对与会的领导和来宾表示热烈的欢迎！

在 ×× 集团的统一领导下，×× 公司全体职工经过一年来的艰苦工作和努力，终于顺利通过了 ×× 质量认证中心 ×× 评审中心的现场审核，获得了 ×× 质量认证中 ×× 认证证书。辛勤的耕耘终于换来了丰硕的成果，让我们以热烈的掌声向他们表示祝贺！

下面进行议程第二项，由 ×× 质量认证中心主任 ×× 宣布 ×× 公司通过 ×× 认证，并由国家认监委副主任 ×× 同志颁发铜牌，由 ×× 主任颁发证书。

×× 主任：女士们，先生们，早上好，现在我代表 ×× 质量认证中心宣布，根据 ×× 公司的申请，对其所建立的质量体系认证的要求，经 ×× 质量认证中心 ×× 评审中心派出的专家现场审核，并报经 ×× 质量认证中心评定合格，认为 ×× 公司所建立的 ×× 煤炭运销质量保证体系规范准确、运行有效，符合注册条件，现予批准颁发质量体系认证证书，证书编号为 ××。谢谢各位!

主持人：下面颁发铜牌和证书，请 × 总、× 总分别接牌和接受证书。

×× 公司获得 ×× 认证，众多单位以各种形式纷纷表示祝贺，祝贺 ×× 公司通过 ×× 质量管理体系认证的单位有……

（按名单一一介绍，略）

×× 集团与 ×× 检验检疫局的合作由来已久，可以说，×× 公司获得 ×× 认证使我们的合作更加深厚，友谊也更加深厚。

（×× 检验检疫局 ×× 致辞，略）

国家认监委的成立，标志着全国的认证认可工作正式步入法治化的轨道。××主任在百忙之中抽出时间参加这次会议，下面让我们以热烈的掌声欢迎××主任讲话。

（××主任讲话，略）

作为国家特大型企业的前沿分支，××公司的认证工作得到了集团领导的重视，今天，×总亲临会议，下面，请××集团×总讲话。

（××集团×总讲话，略）

××公司是××认证的执行者，也是直接受益者，下面，请运销公司总经理××同志讲话。

（运销公司总经理××同志讲话，略）

主持人：在颁证仪式即将结束之际，让我们再次对××集团，××公司所取得的成绩表示祝贺！目前，环境保护、职业健康安全、食品安全等受到了国际社会的广泛关注，我们希望也愿意与××集团在煤炭检验、环境管理体系、职业健康安全管理体系认证方面加大合作与服务的力度，为树立××的世界形象，打造××世界知名品牌保驾护航。

××公司××颁证仪式结束。感谢大家的光临，谢谢大家！

公司揭牌仪式迎宾辞

尊敬的各位领导、各位来宾，女士们、先生们：

早上好！

昨天的辉煌只能代表过去，明天的艰辛无法预测，因此，我们要把握今天的机遇。励精图治创佳绩，开拓进取谋发展。走过数十载的风雨征程，历经××余年的艰苦创业，今天我们迎来了××公司的揭牌仪式！

首先，请允许我代表公司全体员工向各位的到来表示最热烈的欢迎！对各位多年来对××的大力支持和关心表示最衷心的感谢！

调整重组后的公司，继承了公司×多年的历史，由×家独立法人实体合并组成，主体企业是××公司，下有×个分公司，即调整重组后的××公司，将最终形成集承建公路工程、交通工程、汽车设备修理和商品混凝土、沥青混凝土生产、加工、销售为一体的经营实体。

公司现有员工 ×× 名，其中具有公路工程、经济、统计、会计职称的 ×× 人。公司拥有固定资产 ×× 万元，其中机械设备净值 ×× 万元，拥有工程施工专用机械设备 ×× 台（件），能较好地满足各种等级路基、路面、桥梁、交通工程等工程施工及汽车设备修理、租赁和沥青、水泥混凝土加工、生产、销售的需要。

公司的调整重组，不是一项事业的结束，而是一项全新事业的开始。因此，延续并超越企业历史的成绩与辉煌，建设公司更加美好的明天，实现新的飞跃，不但是公司今后的努力方向和奋斗目标，更是公司的每一名员工众志成城的坚强决心和义不容辞的光荣职责！

为此，我们将继续坚持“科学管理，精心施工，重质守信，励精图治创优质”的方针；继续保持和发扬求真务实、团结拼搏的精神；继续以市场为导向，以公司重组为契机，为不断增强公司的竞争能力和提高经济实力而努力拼搏。

最后，再次欢迎并感谢各位的光临！敬请各位在今后的工作中一如既往地给予 ×× 帮助与支持。

谢谢大家！

四星级酒店揭牌仪式主持辞

尊敬的各位领导、各位嘉宾，女士们、先生们：

大家好！

在这个风和日丽、花果飘香的喜庆日子里，我们欢聚在此，隆重庆贺 ×× 大酒楼晋升为国家四星级旅游酒店，下面，请允许我介绍百忙之中前来参加今天揭牌仪式的领导和嘉宾，他们是……

（依次一一予以介绍）

今天的仪式共有五项内容：一是由 ×× 社区 ×× 书记汇报创星工作情况；二是请 ×× 街道办事处领导致贺辞；三是请 ×× 市旅游局 × 局长讲话；四是

请市领导讲话；五是请领导为 ×× 大酒楼揭牌。

下面，仪式进行第一项：请 ×× 社区党总支书记 ×× 同志向各位来宾汇报工作情况。

仪式进行第二项：请 ×× 街道办事处领导 ×× 致贺辞。

仪式进行第三项：请 ×× 市旅游局 × 局长讲话。

仪式进行第四项：请 ×× 市领导 ×× 讲话。

（×× 领导上场致辞，略）

仪式进行第五项：请领导为 ×× 大酒楼晋升国家四星级旅游酒店揭牌，奏乐、鞭炮齐鸣！

医院工程奠基典礼主持辞（节选）

尊敬的各位领导、各位嘉宾，女士们、先生们：

大家上午好！

在这秋高气爽、果香四溢的日子里，我们在这里隆重举行 ×× 医院工程奠基典礼仪式。这是今年 ×× 市确定的重点工程之一，也是为全市人民提供更好的医疗保障工程的一个项目。

出席今天奠基仪式的领导有……

参加今天奠基仪式的还有……让我们以热烈的掌声欢迎各位领导的到来！

同志们，×× 人民医院按照市委、市政府的要求和省卫生厅关于三级医院要进行总体规划的要求，结合自己的实际，高起点、高标准、高质量地设计了医院的总体规划。这是一个规模庞大、建筑面积达 × 多万平方米的建筑群体，搞好这个工程建设，对于 ×× 城市的发展和环境建设，对于进一步做好 ×× 地区的医疗保健，更好地造福于民，都具有十分重大的意义。

今天奠基的 ×× 工程，建筑面积 × 多万平方米，总投资约 × 亿元人民币，计划 × 年内竣工。相信未来的 ×× 人民医院，一定是一所设计新颖、设施齐全、功能布局合理、装备先进、生态环境优美的现代化医院。

……

学校落成剪彩仪式主持辞

各位领导、各位来宾，老师们、同学们：

大家好！

春风和煦，播撒下希望的种子；秋风清爽，带来了金色的果实。

宽厚而无私的大手托起了孩子们读书的渴望。今天由 ×× 省水利厅等单位捐资修建的 ×× 希望小学在这里落成并投入使用，此时孩子们为之雀跃，村民们为之振奋，所有希望工程工作者也把希望寄托在这些孩子身上。

在这里，我代表团县委对希望小学的落成表示热烈的祝贺！对希望工程工作者辛勤的劳动表示最深的谢意！

出席这次剪彩仪式的领导有……让我们以热烈的掌声向多年来对我县希望工程给予关怀和帮助的各位领导、各界人士以及对 ×× 希望小学大力资助的 ×× 省水利厅等资助单位致以崇高的敬意和衷心的感谢！

现在，我宣布：×× 镇 ×× 希望小学落成剪彩仪式现在开始！

首先，请少先队员给各位领导佩戴红领巾。

进行仪式第一项：全体起立，升国旗，奏国歌！

进行仪式第二项：让我们以热烈的掌声欢迎省水利厅计财处处长 ××、团省委希望工程办公室主任、省青基会秘书长 ××、共青团 ×× 市委副书记 ××、×× 县委常务副书记 ×× 为 ×× 镇 ×× 希望小学落成剪彩！

进行仪式第三项：请少先队员代表 ×× 发言。大家鼓掌！

进行仪式第四项：请 ×× 县委常务副书记 ×× 同志讲话。大家欢迎！

进行仪式第五项：请 ×× 省水利厅计财处处长 ×× 同志讲话。大家欢迎！

进行仪式第六项：请团省委希望工程办公室主任、省青基会秘书长 ×× 同志讲话。大家鼓掌欢迎！

同学们、老师们、乡亲们，小树苗长成参天大树需要肥沃的土壤、充足的水和温和的阳光，孩子的成长需要学校、家庭、全社会的共同关怀和努力。我们的口号是：一切为了孩子，为了孩子的一切，为了一切孩子！

同样，在优越的环境里成长的孩子们，希望你们能够珍惜今天来之不易的学习机会，发奋学习，自立自强，不辜负全社会对你们的扶持和帮助！

最后，让我们以热烈的掌声再次向对 ×× 希望小学大力资助的 ×× 省水利厅等资助单位致以崇高的敬意和衷心的感谢！

×× 镇 ×× 希望小学落成剪彩仪式到此结束！请领导参观新校舍。

表彰庆功

十大杰出青年表彰会主持辞

各位领导来宾、青年朋友们：

大家好！

今天，我们欢聚此地，共同庆贺由共青团 ×× 县委举行的 ×× 县十大杰出青年表彰大会，本次会议的目的在于树立典型、激励先进，团结和动员全县广大青年，积极投身到我县创业竞赛的伟大实践中，为我县三个文明建设和全面建设小康社会奉献青春。

根据活动要求，此次评选历时 × 个月，经过基层推荐、资格审查、社会公示、民主投票，评选出 ×× 县十大杰出青年，他们具有广泛的代表性、先进性。

本次表彰活动，得到了县委、县政府的高度重视和关心支持，今天，百忙之中前来参加表彰会的领导和来宾有……让我们以热烈的掌声对各位领导的到来表示欢迎！

参加表彰会的还有受表彰的十大杰出青年，各乡镇、机关、学校、企业团组织的负责人、支部委员。

现在我宣布表彰大会正式开始，全体起立，奏国歌。

(国歌结束，全体请坐)

今天的大会有五项议程：一是由团县委副书记 ×× 读表彰决定；二是由领导为获奖青年颁奖；三是获奖代表发言；四是向全县青年发出倡议书；五是县

委常委、组织部长 ×× 同志作重要讲话。

现在会议进行第一项议程。

（会议具体议程，略）

团县委希望受表彰的同志，谦虚谨慎、戒骄戒躁，为 ×× 的发展再立新功，全县广大青年要以这些杰出青年为榜样，在自己的岗位上，不断努力，不断创新，为全面建设小康社会奉献青春！

现在，我宣布 ×× 县十大杰出青年表彰大会到此结束，请受表彰的同志到政府大楼前合影留念。

歌咏比赛颁奖典礼主持辞

尊敬的各位领导、各位来宾，亲爱的观众朋友们：

大家晚上好！

带着金秋的喜悦和祝福，带着星光的深情与梦幻，唱响了高亢奋进的颂歌，追忆着祖国走过的 ×× 载历史岁月！今晚，我们在这里欢聚，带着神圣的使命和夙愿，在“三个代表”重要思想指导下，把全面建设小康社会的宏伟大业奋力开拓！

在区党委、×× 区的亲切关怀和高度重视下，在全区 ×× 个基层单位 ×× 个代表队 ×× 余名演员的积极参与下，我们这次庆祝建国 ×× 周年《××》歌咏比赛获得空前的成功，取得了丰硕的成果！

无论是节目的总体构思、曲目的编排，还是人员的组织、服装阵容，各单位都表现得十分出色，他们用歌声向共和国母亲献上了一份生日厚礼，给 ×× 人民带来了欢乐！

经过 × 天的激烈角逐，这次比赛的最后评比结果已经揭晓。今晚，我们邀请了在我区“快自立、建小康”工程中取得成绩的部分先进代表，作为颁奖嘉宾，为本次比赛颁奖！

为了感谢各单位和职工群众对本次比赛活动的大力支持，根据评比奖励方案的规定要求，本次比赛设立一等奖一名，二等奖两名，三等奖三名，优秀奖若干。

朋友们，在这激动人心的时刻，让我们用热烈的掌声请出 ×× 同志、×× 同志为荣获本次比赛优秀奖的代表队颁奖！

下面请副区长 ××、××，党委委员、宣传部部长 ××，党委委员、组织部部长 ×× 为荣获本次比赛优秀奖的代表队颁奖。

(从优秀奖到一等奖的顺序颁奖，略)

在这里，让我们用热烈的掌声向所有获奖单位再一次表示热烈的祝贺！

希望各单位和广大演员同志戒骄戒躁，继续努力，再进一步，为活跃 ×× 的群众文化生活再立新功，为全面建设小康 ××，实现中华民族的伟大复兴作出更大的贡献！

现在，我宣布，庆祝建国 ×× 周年《××》歌咏比赛颁奖典礼到此结束，下面请参加演出的全体演员上台，大家合影留念。

工作表彰大会主持辞

各位领导、各位代表、同志们：

大家好！

过去的一年，我们用激情和汗水铸造了仓储管理崭新的业绩。

新的一年里，我们将用勤奋与智慧继续谱写改革发展的新篇章。

今天，我们欢聚一堂，召开工作总结表彰大会，主要任务是总结去年的工作，并安排部署今年的任务，表彰先进班组和先进个人，进一步动员广大干部职工团结奋斗，扎实工作，在新的一年里再创辉煌！

参加今天会议的有：全体干部职工，领导班子全体成员。

对于今天的会议，处党委给予了高度重视，处主管领导在百忙之中也亲临会场对我们的工作进行指导，让我们用热烈的掌声对处领导的亲切关怀和大力支持表示感谢！

今天的会议既是一次总结会、表彰会，更是一次动员会、鼓劲会，希望大家自觉遵守会场纪律，关闭所有通信工具，集中精力把会议开好。

下面会议正式开始：

大会进行第一项：鸣炮奏乐。（略）

大会进行第二项：请 ×× 主任作工作报告。大家欢迎！（略）

大会进行第三项：请 ×× 副主任宣读年度先进班组和个人表彰决定。（略）

大会进行第四项：进行颁奖。（略）

让我们再次用热烈的掌声向他们表示祝贺！

大会进行第五项：请领导讲话，大家欢迎！（略）

走过 ×××× 年，我们创新创效，勤奋奉献、无怨无悔，有力地推进了物资仓储工作持续有效的发展。展望 ×××× 年，机遇与挑战同在，困难与希望共存。让我们在处党委的领导下，振奋精神，持续创新，再接再厉、勇攀高峰，为圆满完成各项目标任务而努力奋斗！

×××× 年工作表彰大会到此结束，散会！

集团总结大会主持辞（节选）

同志们：

现在开会！全体起立，奏《中华人民共和国国歌》。

（奏国歌毕）

请坐下！

在刚刚过去的 ×× 年里，我们集团经受住了严峻的考验，经过广大干部职工的共同努力，集团各项工作都取得了优异的业绩，特别是实现了营业收入的历史性突破。经集团领导班子研究决定，今天隆重召开 ×××× 年总结表彰和 ×××× 年工作动员大会。

参加今天大会的有集团领导、集团监事会 ×× 主席及其他专职监事、集团副科以上领导干部、集团本部全体人员、部分职工代表、先进单位、先进集体代表和优秀党员、先进个人，共 ×× 多人。

今天的会议议程有三项，一是宣读集团表彰决定；二是为先进单位和先进个人颁奖；三是 ×× 董事长作工作报告。

下面，进行大会第一项，请集团副总裁 ×× 同志宣读集团《关于表彰

××××年度先进集体和先进个人的决定》。(略)

请集团党委常委、纪委书记××同志宣读集团《关于表彰××××年先进党支部、优秀党员的决定》。(略)

进行大会第二项，为先进集体、先进个人颁奖。

(颁奖，略)

在过去的一年中，这些单位和个人付出了艰辛的努力，创造了优异的成绩，是我们学习的榜样，让我们再次以热烈的掌声对他们表示祝贺！

进行大会第三项，请集团董事长、党委书记××作总结报告，报告的题目是《××，××》。大家欢迎！

(××董事长讲话，略)

刚才，××董事长作了十分重要的讲话，这是集团领导班子的一致意见。××董事长对去年工作的总结是实事求是的，分析评价也是科学、客观的；对今年工作的部署，是我们在综合分析多种因素之后作出的决策，需要大家认真贯彻落实。下面，我就学习贯彻好这次会议精神讲几点意见：

1. 各单位要认真组织好学习贯彻会议精神。

2. 统一思想，提高认识，顾全大局。

3. 统筹兼顾，保持稳定，过一个祥和的春节。

同志们，我们一定要在党的××大精神指引下，唱响“树正气、讲团结、求发展”这个主旋律，解放思想、实事求是，同心同德、埋头苦干、与时俱进、开拓创新，为落实会议确定的各项目标和任务而不懈奋斗！

同志们，××××年春节就要到了，在这里，我代表集团领导班子向全体职工拜年，祝大家新春快乐、身体健康、阖家团圆！

××集团××××年总结大会到此结束，散会。

普通高校教学成果奖励大会主持辞

同志们：

今天，我们在这里举行××大学教学成果奖励大会。首先，请允许我介绍在座的领导和嘉宾。他们是……

（一一介绍，略）

这次奖励工作是继 ×××× 年和 ×××× 年之后，国家教委组织进行的第 × 次全国普通高等学校教学成果奖励工作，也是国务院颁布《教学成果奖励条例》之后的第 × 次教学成果奖励大会。

这次教学成果奖励工作，得到了党中央和国务院的高度重视和热情关怀。这充分体现了党和国家领导同志对教育事业，特别是教学工作和广大教师的关怀和重视。

×××× 年普通高等学校教学成果奖励范围是：

1. 普通高等学校中的教师、教学辅助人员、教学管理人员。

2. 涵盖在教书育人、教学改革、教学建设、教学管理等各方面取得的教学成果。

3. 奖励特别强调要注重在教育教学改革方面迈出重大步伐并取得显著成效的成果。

按照国家教委 ×××× 年 × 月的部署：

1.×××× 年 × 月，全国 ×× 个省、自治区、直辖市和 ×× 个国务院的有关部门在省部级教学成果评审基础上，择优报送了教学成果推荐项目 ×× 项。

2.×××× 年 × 月中下旬，由 ×× 多名国内知名专家组成的 ×××× 年普通高等学校教学成果评审委员会对上述推荐项目进行了为期 ×× 天的紧张评审，评出了特等奖 × 项，一等奖 × 项（含军队院校 × 项），二等奖 × 项（含军队院校 × 项）。

3. 国家教委于 ×××× 年 × 月在《×× 报》发布公告，公布了评审结果，实施争议。经过 ×× 天的争议审理，由国家教委裁定，评审结果全部有效。

4. 按照《教学成果奖励条例》规定的审批权限，×××× 年 × 月 × 日，国务院批准 ×× 大学已故老教授 ×× 领衔的教学集体申请的项目为教学成果特等奖。

5. 国家教委于 ×××× 年 × 月 × 日，批准并公布了 ×××× 年普通高等学校教学成果获奖项目名单。

这次普通高等学校教学成果奖励受到各级教育部门、广大教育工作者，特别是高等学校教师的热切关注。获奖项目在总体上代表了 × 年来我国高等教育教学方面的最高水平，充分体现了我国高等学校在教学改革方面已迈出了重要步伐。

今后，我们要坚持不懈地加强教学工作，不断深化教学改革，争取为祖国的教育事业作出更大的贡献。

今天的大会有以下几项议程：

请 ×× 同志宣布国家教育委员会《关于批准 ×××× 年普通高等学校教学成果获奖项目的决定》。

请 ××、××、×× 等领导同志颁奖。

少先队员向获奖代表献花。

请 ×× 同志讲话。

现在进行大会第一项……

(以下程序略)

营销公司庆功晚会主持辞

合：各位尊贵的来宾，各位亲爱的伙伴们，在座的所有朋友们，大家晚上好!

女：我是来自公司 ×× 部的 ××。

男：我是公司的一名普通营销人员，我叫 ××。

女：我们非常荣幸担任此次晚会的主持人。

合：祝大家身体健康，万事如意!

女：即将过去的 × 月，公司各项业务稳健发展，在销售上取得了令人瞩目的成就。

男：喜悦伴着汗水，成功伴着艰辛，遗憾激励奋斗，我们不知不觉将走进 ×× 月份。

女：今天，我们欢聚一堂，共同畅想美好的未来。

男：在这个激动人心的时刻，让我们首先有请公司销售部经理 ×× 先生上台致辞，大家欢迎！

女：感谢 × 总经理的真诚祝福，在这憧憬未来的美好夜晚，让我们牵起手来，相互支持，友好合作，携手共创美好的明天！

男：今夜星光灿烂，回顾与公司同呼吸、共命运、心连心的光辉历程，不由感慨万千，激情高昂，让我们在今晚燃烧所有的热情，尽享金秋的喜悦，请欣赏由 ×× 演唱的歌曲《××》。

女：公司的丰硕业绩为 ×× 销售业增添了一丛新绿，也带动了一大批与公司携手的仁人志士。

男：请欣赏来自 ×× 部门的 ×× 演唱的歌曲《××》。

女：×× 公司进入 ×× 市场以来，以博大的胸怀和务实自省的气度，在 ×× 这片热土上变革图强，奋勇开拓，实现了业绩的持续稳定增长，以优质的产品和真诚的服务帮助无数消费者走上了致富之路。

男：今天，在变革中不断进步，在拼搏中持续发展的 ×× 公司，已经拥有了一支成熟优秀的销售队伍，培育了一个稳定的客户群体，打造了坚实的产品品牌，建立了有口皆碑的企业商誉。

女：广大营销人员与公司一路风雨同舟，以热情周到的服务和努力拼搏的精神，把 ×× 人自豪的脚步踏遍了鲁西南及周边地区的每一寸土地。

男：今天晚上，我们优秀的营销人员来到了晚会的现场，让我们来听一听他们都给我们带来了哪些祝福。

女：掌声有请我们可爱的营销员代表，他们……有请他们上场！

男：感谢大家的祝福，让我们用掌声欢送各位营销员代表回座。祝愿我们 ×× 公司的事业再攀新高！

女：下面请欣赏 ×× 演唱的《××》。

男：对社会负责，是 ×× 公司奉行的企业理念。在 ×× 公司看来，公司的发展与成功，无不得益于社会所提供的丰富资源，得益于广大消费者的喜爱和支持，更得益于公司全体员工的拼搏和努力。

女：拥有一颗感恩的心，才能理智地面对一切困难，从容地面对是是非非。

男：千淘万漉虽辛苦，吹尽狂沙始到金。公司的营销人员不断超越自我，实现自我，用辛勤和汗水浇灌出今天骄人的成绩。

女：在未来的日子里，我们希望在座的每一位营销人员都有机会站上这个舞台，我们也相信大家一定有这样的能力！

男：幸福化作美酒，祝福化作歌声，下面请欣赏 ×× 演唱的《××》，献给公司全体员工。

女：岁月如梭地变迁，不变的是公司与广大营销人员的携手开拓。

男：不变的是希望，升腾的是梦想，在收获之时我们采撷硕果，酣畅淋漓。

女：让我们以自强不息的精神、团结拼博的斗志，去创造新的辉煌业绩和更加美好的未来！

男：回首过去，我们热情洋溢。

女：坚定现在，我们激情澎湃。

男：展望未来，我们斗志昂扬。

女：让我们在新的征程中张开腾飞的翅膀，向着更高的目标飞去。

合：让我们携手并肩，共同创造 ×× 美好的明天！再次，祝 ×× 公司全体员工身体健康，家庭幸福！祝我们的 ×× 在新的一年里，再创辉煌！

常用商务庆典主持辞及致辞名句

美酒飘香，鲜花如海，朋友请到草原来。马头琴响起来，百灵鸟唱起来，洁白的哈达举起来。

怎能忘记旧日朋友，心中能不怀想。旧日朋友岂能相忘，友谊地久天长。

今夜，月光如水，群星闪烁。

今夜，欢聚一堂，高朋满座。

在七月流火、八方锦绣的盛夏，

我们尽享阳光雨露、青山秀水给予的抚慰和滋润。

在万木争荣、百花竞艳的 × 城；

我们尽享花草树木、园林美景给予的舒适和欢愉。

丽草满庭吐秀，百花遍地飘香。奇石天然造化，根艺师法自然。

根雕盆景无穷雅韵，翠竹鲜花占尽风流。

石为迎宾开口笑，山能做主乐天成。

春雷鸣大地，五湖四海春意浓。

莆田开景运，一片红霞迎旭日。

业界精英紧密合作，携手并进，再创辉煌，共享繁荣。

金秋八月，丹桂飘香，江海大地，巨浪滔天。

×× 儿女浴血奋战，同舟共济，一举闯关。

愿我们的梦想同春天一起生长，同夏天一起开放。

徐徐朔气送紫气，累累秋色竞霜天。

走过风雨，我们享受灿烂的阳光。

走过岁月，我们书写明天的辉煌。

尽管今天不是晴空万里，但是我们的心情依然激动无比。

展望明天，任重道远，让我们用坚实的脚步，走上崭新的台阶，走向未来，走向世界。

规模宏大，名品云集，精心策划，活动丰富。

风景秀丽，环境幽雅，各方配合，马到成功。

朋友们，我们需要青春洋溢的世界，我们渴望每天都升起灿烂的曙光，是激昂的号角伴我们走过蹉跎的岁月，共同畅想美好的未来。

让我们携手并肩，继续支持 ××，继续谱写美妙的华章。

东风浩荡满眼春，万里征程催人急。

携手并进，同心同德共创宏图伟业。

诚信互惠，招商引资再谱崭新篇章。

金风送爽，丹桂飘香。

莲峰叠翠，红海欢歌。

锣鼓喧天，彩旗飘扬。

山明水秀，万众欢腾。

欢聚总是短暂的。诚挚的祝福，连绵的情谊，一直萦绕在耳边，激荡在心头，久久难忘。

今天的暂别是为了明天的相聚，我们一起期待下一次的相逢。

泛舟摇浆，把酒临风，波光粼粼，流连忘返。

九月，清风拂面，秋果飘香，金色遍野。

九月，天高云淡，阳光明媚，山欢水笑。

瓜有瓜的滋味，果有果的感觉，人有人的感情，商有商的原则。

第七章 其他喜事庆典

主持辞及典型致辞

本章包括学校典礼、乔迁之喜、旅游常用迎宾辞、就职祝酒辞四个部分。

学校典礼包括开学典礼和毕业典礼，开学典礼的内容以欢迎新同学为主。毕业典礼则以回顾校园生活、提出希望并相互祝福为主。

乔迁之喜主要表示对主人的祝贺和对各位宾客的欢迎和感谢致辞。

旅游常用迎宾辞主要是旅游所涉及的各种场合应该如何致辞，首先应对宾客的到来表示欢迎，其次介绍将会为宾客提供哪些服务，帮助宾客熟悉和了解环境，最后对宾客提出良好祝愿。

就职祝酒辞的内容一般包括对就职之人的祝贺，并对来宾的到来表示感谢；正文的中间部分可以对就职之人的事迹或业绩等进行概括介绍，突出其功绩；祝辞结尾再次对就职之人和来宾表示祝贺和感谢。

学校典礼

小学开学典礼主持辞

男：尊敬的各位领导，各位来宾！

女：亲爱的老师，同学们！

合：大家上午好！

男：岁月的河流带走炎热的季节。

女：秋姑娘吹拂着她丰收的喜气。

男：告别漫长的暑假，我们开学啦！

女：回到亲爱的母校，我们开学啦！

男：今天，我们的大家庭中又添了许多可爱的笑脸。

女：在他们脸上，我们看到了稚气，也看到了朝气！

男：在他们脸上，我们看到了天真，也看到了希望！

女：让我们以热烈的掌声欢迎一年级新同学的到来！

男：我们一定会相亲相爱，团结互助。

女：共同构建和谐美好的学习家园！

男：现在，我郑重宣布：开学典礼正式开始！全体立正！敬礼！升中华人民共和国国旗，奏《中华人民共和国国歌》。

（升国旗仪式完毕）

女：下面，升 ×× 小学校旗，全体齐唱校歌。

(升校旗仪式完毕)

男：全体请坐。

女：下面让我们以热烈的掌声欢迎 ×× 校长为新学年致辞。

(校长致辞，略)

男：新的学期里，我们的少先队活动应该怎样开展呢？下面有请大队辅导员发出号召。

(辅导员号召，略)

女：点亮心灯，心中有爱！

男：学会合作，走出自我！

男：我们热爱蓝天白云！

女：我们向往青山碧水！

女：让我们扬起理想的风帆！

男：让我们展开拼搏的翅膀！

女：团结努力，共同进取。

男：勇于实践，全面发展。

女：用辛勤的汗水描绘出人生最美丽的画卷！

男：用智慧的双手去开拓充满希望的明天！

合：×× 小学开学典礼到此结束！

中学开学典礼主持辞

尊敬的各位领导、各位来宾，老师们、同学们：

大家上午好！

伴随着优美的旋律，×× 中学的全校师生踏着整齐的步伐，走进学校礼堂的开学典礼会场！

金风送爽，丹桂飘香。在这美好的日子里，我们迎来了一个新的学年。今天我们在这里隆重集会，召开新学期开学典礼，这既是一次迎新会，又是一次动员会。首先，让我们以热烈的掌声，对刚进入 ×× 中学学习的初一 ×× 名新同学们表示热烈的欢迎！

热烈的掌声代表了 ×× 中学全体师生的共同心声，发展中的 ×× 中学需要你们，你们的到来必将为 ×× 中学实现新的跨越注入新的生机、新的活力、新的希望。

下面我宣布，开学典礼正式开始！

参加今天开学典礼的领导有……

（一一介绍领导，略）

让我们以热烈的掌声对各位领导的到来表示热烈的欢迎！

大会进行第一项：升国旗，奏国歌。

（升旗前，全体起立；升旗仪式完毕，全体请坐）

大会进行第二项：由 × 校长为我们新学期致辞。大家鼓掌欢迎！

（致辞略）

刚才 × 校长从做人、学习等方面为我们每一位同学提出了明确的要求，他期待着每位同学做人有志向，学习有目标，全面发展，健康成长，希望同学们用实际行动和出色的表现作出响亮的回答。

大会进行第三项：由老教师代表 ×× 讲话。大家热烈欢迎。

大会进行第四项：由新教师代表 ×× 老师讲话。大家鼓掌。

今天，天高云淡，秋风习习，同学们富有朝气的面孔上流露出的是自信、坚强和勇气，下面让我们来听听同学们的心声吧。

大会进行第五项：由高年级学生代表 ×× 讲话。大家鼓掌欢迎。

大会进行第六项：由新生代表 ×× 讲话。大家鼓掌欢迎。

中学时代是人生美好的黄金时代，也是人生的重要转折点。在美丽幽雅的校园里，在学识渊博、敬业爱生的老师的教导下，你们要努力提高素养，开拓智慧，强健体魄，使你们的青春放出更绚烂的光彩！

刚刚走进 ×× 中学的新生们，你们走进了团结友爱的校园，即将开始拼搏和奋斗。祝你们有个好的开始！

初二同学们，你们已经进入了知识和能力大幅度提升的关键时期，真诚地希望每一名同学在平稳过渡的基础上，用信心作桨，用坚持作帆，驾着知识的小舟在老师的引导下到达成功的彼岸！

初三毕业班的同学们，你们汇集了老师的目光，倾注了家长的心血，你们将承载着希望，开始冲刺。人生能有几回搏？希望你们在最关键的一年里，明确目标、增强信心、虚心求教、刻苦学习，科学安排时间，坚持不懈，用自己的聪明和智慧为自己交上一份满意的答卷！

雄关漫道真如铁，而今迈步从头越。

祝愿大家在新的一年里都有自己的目标，都有自己的收获！

同学们，努力吧！今天我以校为荣，明天校以我为傲！只要我们踏实地走好初中阶段的每一步，×× 中学这块教育园地上就一定能够绽放出更多更美的花朵。

最后，祝愿同学们在新的学期，学习进步，健康成长！祝愿各位老师身体健康，家庭幸福，工作顺利，事业有成。谢谢大家！

新生开学典礼主持辞

尊敬的各位来宾，各位老师，亲爱的同学们：

大家好！

窗外秋意盎然，楼内喜气洋洋。值此中秋佳节到来之际，我们 ×× 学院迎来了第 ×× 级新生开学典礼，在此，我代表 ×× 全体师生向新同学们表示热烈的欢迎！

×× 学院历经 ×××× 年发展，取得了丰硕的成果，创造了令人惊叹的辉煌，使大批 ××、×× 人才找到了自己的人生坐标，实现了人生价值。

在这美好的日子里，我们新的 ×× 人欢聚一堂，重新树起理想的大旗，点燃出征的火炬，开始我们新的征程。

送晚霞，迎曙光，奋力拼搏，励精图治，朝着我们理想的目标迈进，成功一定会属于我们！

现在，我宣布，×× 学院 ×× 级新生开学典礼正式开始，鸣炮奏乐！

大会进行第一项：升国旗、奏国歌，升校旗、奏校歌。

大会进行第二项：请 ×× 同志宣读有关单位及个人为我院新生开学典礼发来的贺电贺信。

大会进行第三项：由我院教师代表 ×× 同志发言。(略)

大会进行第四项：由我院新生代表 ×× 同学发言。(略)

大会进行第五项：请我院院长 ×× 同志讲话。

感谢 ×× 院长热情洋溢的讲话，他对我们提出了殷切的希望和要求，这是对我们全体师生员工的极大关怀和鼓舞。

同学们，有耕耘就有收获，你们成长历程中播下的每一粒种子，都会长成参天大树；你们前进路上洒下的每一滴汗水，都会汇成大海中的浩瀚碧波。

作为老师，我们愿倾我们所有，全力以赴。你们的幸福是我们最大的快乐，你们的成功让我们感到欣喜和欣慰。

用我们的辛勤与汗水，用我们的智慧和热情，弘壮志，树新风，共同谱写我们的人生乐章，共同创造美好的明天!

开学典礼到此结束，休息 10 分钟后，由 ×× 大学副校长 ×× 教授为我们作专题讲座，请同学们准时参加。

小学毕业典礼主持辞

男：敬爱的老师!

女：亲爱的同学们!

合：大家上午好!

男：七月已经到来。

女：新的一页将要掀开。

合：年少的我们要去追赶未来。

男：我们的未来，靠自己去灌溉。

女：人生的舞台，将会无限精彩!

男：今天，我们欢聚在这里举行隆重的小学毕业典礼。六年前，我们还是稚嫩的孩童，今天，我们已经成了光荣的小学毕业生!

女：这六年，我们在母校的悉心关怀下，茁壮成长！

男：这六年，我们在老师的细心教导下，健康成长！

女：这六年，我们在同学的热心帮助下，快乐成长！

男：我们明白了母校寄予我们的厚爱与期望！

女：我们读懂了师长的谆谆教诲和深情目光。

男：我们品尝了属于我们的欢乐和追求。

合：让我们心怀感恩，真诚地道一声：谢谢母校，谢谢老师，谢谢同学们！

女：下面，让我们以热烈的掌声欢迎 × 校长讲话，大家鼓掌！

(校长讲话，略)

男：谢谢 × 校长！我们一定会牢记您的教诲，努力学习，奋发向上，将来为母校争光！

弹指一挥间，六年的小学生涯飘然而去。

蓦然回首时，六年的酸甜苦辣历历在目。

女：下面请毕业生代表 ×× 同学发言。

(同学发言，略)

男：谢谢 ×× 同学！忘不了老师的恩情，忘不了同学们的友情。

女：接下来，我们有请毕业班 ×× 老师讲话。

(老师讲话，略)

男：简短的话语，浓浓的情意，蕴涵了老师对我们的深厚关爱。

女：天下没有不散的筵席。同学们，分别在即，以前的日子愿你珍惜，以后的日子愿你珍重！

男：愿我们重逢在硕果满枝头的季节。

女：愿我们相会时也不忘美丽的校园。

男：小学生活已成过去，我们心中留恋不已。

女：光明前程呈现眼前，美好记忆铭刻心里。

合：明天，我们将扬起风帆，驶向未来生活的彼岸。

男：下面请 × 校长为我们颁发毕业证书。

(毕业证书颁发，略)

女：庄严的教学楼、宽阔的操场，无不留下我们的足迹。

男：琅琅的读书声、快乐的歌声，不时地回荡在校园的上空。

男：今天，我们以母校为荣！

女：明天，母校以我们为荣！

合：亲爱的母校，感谢您为我们插上飞翔的翅膀！亲爱的老师，感谢您为我们扬起远航的风帆！

男：请全体起立，唱校歌。

女：让我们牢记今天，让我们记住这难忘的时刻。

合：尊敬的各位领导、各位老师，亲爱的同学们，×× 小学 ×× 届毕业典礼到此结束。祝学校领导和老师身体健康，工作顺利！祝同学们生活开心，学业有成！祝我们的母校越办越好！

初三毕业典礼主持辞

尊敬的各位领导、各位家长、全体老师、亲爱的同学们：

大家晚上好！

十六岁的太阳升起在生命的晴空，十六岁的足迹追求着美好的希望，十六岁的我们即将告别初中生活。×××× 年 ×× 中学 ×× 届毕业典礼，现在开始！

今天晚会的来宾有……

让我们以热烈的掌声对来宾们的到来表示热烈的欢迎和衷心的感谢！

三年前，当我们踏入 ×× 校园的时候，就决定了今天这样一个特殊的日子，决定了现在这样一个特殊的时刻。

中考已经结束，此时，每一位学子正像青青草地珍重春天的阳光一样，更加留恋培养我们的母校；正像翩翩飞鸟依恋成长的树林一样，怎么也舍不得离开栖身三年的 ×× 中学！

同学们，此时此刻，我们为三年的初中生活画上了圆满的句号。我们应该自豪，因为我们无悔于青春，我们无悔于 ×× 中学这个大家庭。

下面请 ×× 中学 ×× 校长致辞。

初中三年是艰苦的，有泥泞才有跋涉，有泥泞才有奋进，泥泞造就坚强，走过坎坷，才会珍惜坦途。我们当中有一批优秀同学加入了中国共产主义青年团，还有一批同学获得了各种奖项。下面宣布优秀毕业学生名单，他们是……

当初 ×× 中学的入学通知书，即将变成走向高中生活的入门通行证。

我们即将把少年的烦恼甩到身后，挺起胸膛，走向又一段人生旅途！

同学们，初中毕业，对你们来说仅仅是人生旅途的一个重要驿站，你们成才的道路还征程漫漫。我不能简单地断言你们的未来一切如意，也不能随意地预测你们的前途一帆风顺，但请谨记，爱拼才会赢，成功要靠自己努力！

全体毕业生朋友们，母校的领导、老师以及全体在校的学生在这里注视着你们，注望你们青春的生命之舟在新的岁月港湾里起航，直挂云帆，乘风破浪！

下面，请同学们欣赏由各班级组织排练的文艺节目。

（节目根据具体情况而定，略）

晚会虽然短暂，但艺术的空间是无限的。

总有一种离别让我们心痛，总有一种未来让我们憧憬。

总有一种激情让我们感动，总有一种生活让我们向往。

总有一种力量让我们奋进，总有一种精神让我们昂扬。

总有一种责任让我们崛起，总有一种义务让我们向上。

朋友们，初三毕业典礼及文艺晚会虽然已经进入尾声，但是希望的种子会永远扎根在我们的心里。

让我们肩负起历史的责任，为自己美好的明天努力拼搏吧！

我宣布，×× 中学 ×× 届毕业典礼到此结束，请大家按次序退场。

高三毕业典礼主持辞

尊敬的学校领导、高三年级全体老师、亲爱的同学们：

大家上午好！

今天，我们将为三年高中生活画上圆满的句号。

今后，我们会有一个美好的未来，让世界为我们喝彩！

时光飞逝，三年一瞬间。随着 ×× 高考落下帷幕，我们人生中最美好、最值得珍惜的高中生活即将离去。在我们朝夕相处的三年中，有太多值得回味和珍藏的美好时光。三年来，我们全体师生风雨同舟，荣辱与共，一起走过了千百个日日夜夜，结下了深情厚谊。为了加深同学友情，增进师生感情，为了在人生新的征程上能够满怀信心，开创未来，今天，我们欢聚一堂，隆重举行 ×× 届高三毕业典礼。

今天的活动分两阶段进行。第一阶段：大会集中；第二阶段：分班活动。

下面进行大会集中的第一项议程：

全体起立，奏《中华人民共和国国歌》。

此时此刻，我们既兴奋喜悦，又带着一丝离别的忧伤。三年的校园生活，留下了我们银铃般的欢笑；三年的校园生活，留下了我们青春的足迹。

下面进行第二项：请高三（×）班 ×× 同学代表全体毕业生发言。

×× 同学声情并茂，道出了我们的心声！

三年的校园生活，敬爱的老师为我们付出了辛勤的汗水，倾注了真挚的情感。

下面进行第三项：有请班主任代表 ×× 老师和高三教师代表 ×× 老师对同学们说说心里话。

两位老师语重心长的话语，浓浓的情意，蕴涵着对同学们无限的爱、深深的期待和永远的祝福。

下面进行第四项：请政教处主任 ×× 老师宣读 ×× 中学 ×× 届高三优秀毕业生名单。

下面，请校长为优秀毕业生颁发荣誉证书。请同学们上台领取荣誉证书。让我们再次用掌声对他们表示热烈的祝贺！

母校是同学们成才的摇篮。在同学们的提议下，我们高三全体毕业生准备给学校赠送一份纪念品作为留念。

下面进行第五项：请高三毕业生代表向母校赠送礼物：地球仪。

地球仪不停地旋转，象征着我们的母校蒸蒸日上，欣欣向荣！

下面进行第六项：有请我们的 × 校长为大家作重要讲话。（略）

× 校长意味深长、热情洋溢的话语，鼓励着我们去实现更高的目标。相信不久的将来，学校的老师会因为我们而骄傲！

下面进行第七项：有请高三学生代表以歌舞的形式表达对母校感恩的心。

感谢同学们的精彩表演。

下面进行第八项：请 ×× 老师带领大家进行高三毕业生集体宣誓。（略）

在此，我们衷心地希望同学们记住我们今天铿锵有力的毕业誓词！

下面进行大会集中的最后一项议程：全体起立，合唱《二十年后再相会》。

"送君千里，终须一别"，让我们珍藏起离别的愁绪，挥一挥手，道一声珍重。让我们共同祝愿母校越办越好，老师桃李满天下，同学前程光辉灿烂。

没有比脚更长的路，没有比人更高的山。同学们，今天我们以母校为荣，明天母校以我们为荣。预祝同学们的人生之路一帆风顺！

×× 届高三毕业典礼大会集中部分到此告一段落。下面请同学们依次退场，分班活动。

大学毕业典礼主持辞

各位来宾、各位老师们、同学们：

今天，是 ×× 大学喜庆的日子，我们怀着无比激动的心情在这里为我校 ×× 届毕业生举行毕业典礼。

首先，请允许我介绍在座的领导和嘉宾。出席今天毕业典礼的学院领导有……

（一一介绍领导，略）

让我们以热烈的掌声，欢迎领导和嘉宾的莅临！

下面，我郑重宣布：×× 大学 ×× 届毕业生毕业典礼正式开始！

典礼进行第一项：请全体起立，奏国歌。

（国歌完毕，全体请坐）

典礼进行第二项：请副校长 ×× 介绍毕业生情况。大家欢迎！

（讲话略，下同）

典礼进行第三项：请学校党委副书记 ×× 宣读 ×× 届优秀毕业生表彰决定。

典礼进行第四项：请学校党委副书记、院长 ×× 为毕业生颁发毕业证书。

典礼进行第五项：请优秀毕业生代表上台领奖。

典礼进行第六项：请在校生代表 ×× 同学致辞。

典礼进行第七项：请教师代表 ×× 同志发言。

典礼进行第八项：请大学党委副书记、校长 ×× 致辞。

同学们，经过大学的四年，你们不断走向成熟，作为 ×× 大学培养出来的第 × 届毕业生，母校对你们寄予了殷切的希望和无限的关注。不管你们将来走到何方，请时刻牢记 ×× 校长意味深长的嘱咐，真正做到“以诚待人、踏实工作、自信自强、创新立业”。

大学生活结束了，你们即将告别熟悉的校园，告别朝夕相处的老师、同学，告别这个让人留恋的人生驿站，挥手作别昔日的一切。

海阔凭鱼跃，天高任鸟飞。无限广阔的未来正等着你们去开拓！

期待在未来某个阳光灿烂的日子，我们再次相聚。那时，祖国会因为你们而更加壮丽多姿！母校将为你们而感到骄傲和自豪！

祝愿同学们在新的人生道路上，事业有成，大展宏图！

×× 大学 ×× 届毕业生毕业典礼到此结束。谢谢大家！

乔迁之喜

公司乔迁后领导致辞

各位领导、各位朋友、各位同人：

大家好！

金秋十月，大地流金。在这五谷丰登的季节里，我们 ×× 公司喜迁新址。

今天，高朋满座，嘉宾云集。首先，欢迎前来乔迁致贺的各位领导、各位朋友，并对公司成立以来支持和帮助 ×× 公司的各界朋友致以诚挚的谢意！

斗转星移，岁月如梭，转眼之间 ×× 公司已经走过了 × 个年头。我们见证了它从小到大、由弱到强的发展过程。总结我们所走过的路，值得我们铭记的经验就是：必须紧跟时代前进的步伐，真正做到为客户提供最优质的服务；必须把稳定和创新结合起来，根据形势的变化，把与时俱进融入各项工作中。只有这样，我们才能不断发展进步，才能取得更加辉煌的业绩。

今天的乔迁，标志着公司的发展迈上了一个新的台阶，新的办公条件不但满足了公司业务发展的需要，而且为员工提供了人性化的办公环境，可以说是公司进步的一个里程碑。

×× 公司的发展离不开 ×× 党委和政府的支持，离不开 ×× 人民的支持。在这里，我代表公司全体员工对各位表示衷心的感谢！

乘风破浪会有时，直挂云帆济沧海。希望全体员工以此为新的起点，发扬“实事求是、严谨务实、锐意进取、开拓创新”的精神，使公司的明天更美好！

预祝 ×× 公司宏业永盛，宇景常新！谢谢大家！

老年公寓入住仪式迎宾辞

各位领导、各位来宾：

大家好！

秋风送爽，金菊飘香。今天，对于 ×× 老年公寓来说，是个双喜临门的日子。今天是我国的传统节日——重阳节和第十九个“九九”老人节。在这里，我们怀着无比喜悦的心情，隆重举行 ×× 街道庆祝“九九”老人节暨 ×× 社区老年公寓入住仪式。

首先，我代表 ×× 街道办事处向全街道广大老年同志致以节日的问候和热烈的欢迎！对 ×× 社区老年公寓的入住表示热烈的祝贺，同时，对各位领导和同志们的到来表示热烈的欢迎和衷心的感谢！

今天，百忙之中前来出席剪彩仪式的领导同志有……

让我们以热烈的掌声，再次对各位领导和同志们的到来表示热烈的欢迎和衷心的感谢！

敬老爱老是中华民族的传统美德。×× 社区在这项工作中，开拓创新，努力进取，通过科学规划和精心运作，仅利用半年的时间就建成了高标准、高档次的老年公寓。应该说，老年公寓的建成入住，不仅为全社区的老年人提供了老有所养、老有所医、老有所学、老有所乐的温馨家园，还将进一步带动全街道乃至全社区的老年人工作开创新的局面，进而在全社会进一步形成“尊老爱老、人人有责”的良好社会风尚，必将为建设社会主义的和谐社会作出积极的贡献。

我宣布，老年公寓入住仪式现在开始！

大会进行第一项：请 ×× 社区党支部书记、居委会主任 ×× 同志介绍老年公寓的有关情况，大家欢迎！（略）

大会进行第二项：请 ×× 社区老年人代表为社区党委会献锦旗，大家欢迎！

大会进行第三项：请 ×× 街道党工委副书记、办事处主任 ×× 同志致辞，

大家欢迎！（略）

大会进行第四项：请区政府副区长 ×× 同志讲话，大家欢迎！（略）

大会进行第五项：请各位领导为 ×× 社区老年公寓入住剪彩！（奏乐，鸣炮）

各位领导，各位来宾，今天的剪彩仪式到此结束。下面，请各位领导视察老年公寓。

最后，再次感谢各位领导和来宾的光临，祝广大老年朋友精神抖擞、身体健康、阖家欢乐、节日愉快！

公司乔迁庆典主持辞

尊敬的各位领导，各位来宾，女士们，先生们：

大家好！

丰收的六月，成熟伴随着辉煌，收获带来了喜悦！在这个喜庆的日子里，×× 省 ×× 有限公司迎来了新厂乔迁庆典，这是一座艰苦创业的里程碑，这是一个持续发展的新平台，这是一条做大做强的起跑线。今天，这里客商云集，嘉宾相聚，共同见证 ×× 公司的发展，共同分享 ×× 品牌创建的成功喜悦。下面请允许我介绍今天到会的领导和嘉宾，他们是……

出席今天庆典的还有各级、各部门的领导，各协作与友好单位的领导、朋友，×× 公司的供应商、经销商、兄弟企业的朋友、同行。让我们以热烈的掌声对他们的到来表示热烈的欢迎和诚挚的感谢！

出席今天 ×× 公司乔迁庆典的新闻媒体有……让我们以热烈的掌声对他们的到来表示热烈的欢迎和衷心的感谢！

×× 省 ×× 有限公司乔迁新厂，是 ×× 公司发展历程中的重要里程碑，是企业领导人带领全体员工锐意进取、迈向成功的重要标志，在这个广阔的新平台上，×× 公司一定会实现又好又快的发展。此时此刻，作为企业领导人，一定有很多话要对大家说，现在，让我们以热烈的掌声请 ×× 省 ×× 有限公司董事长 ×× 先生致辞。

（董事长致辞，略）

俗话说，一个好汉三个帮，×× 公司能有今天的发展，×× 供应商有莫大的贡献，让我们以热烈的掌声有请 ×× 省 ×× 有限公司董事长 ×× 先生代表我们的供应商说几句心里话。

（董事长 ×× 致贺辞，略）

下面有请中共 ×× 市委副书记、×× 市政府常务副市长 ×× 先生、×× 形象代言人 ×× 先生共同为“××·×× 助学爱心基金”揭牌，掌声祝贺！

（揭牌仪式）

×× 公司这几年以其独特的魅力在 ×× 行业中蒸蒸日上，今天有幸邀请到中国 ×× 协会会长 ×× 先生，下面请 × 会长讲话，大家欢迎！

（×× 先生致辞，略）

一个产业的培育，离不开企业的自身努力，离不开市场的强劲需求，更离不开党委政府的有力扶持。下面有请中共 ×× 市委副书记 ×× 先生讲话，大家欢迎！

（×× 书记致辞，略）

现在，举行 ×× 省 ×× 有限公司乔迁剪彩仪式。

（剪彩仪式）

欢乐的相聚总是那么短暂，但激动和快乐在我们心底定格成了永恒的回忆。×× 公司乔迁庆典就要结束了，让我们一起祝福，祝福 ×× 的明天更加美好！

乔迁新居主持辞

各位嘉宾，朋友们：

喜气长留书香家，福星高照翰墨宅。

今天，高朋满座，喜气洋洋。我们从四面八方而来，共同祝贺 ×× 先生乔迁之喜，首先我代表 ×× 先生向在座的宾朋表示热烈的欢迎，同时我也代表所有的来宾对 ×× 先生乔迁新居表示热烈的祝贺！

楼舍乐成增如意，新居进住呈吉祥。

户地呈现新气象，儒门不忘旧家风。

下面，有请在教育战线工作了 ×× 年的东道主 ×× 先生致辞。

(东道主致辞，略)

在这个吉祥的日子里，×× 先生乔迁新居，我们衷心地祝福他身体健康，事业有成，桃李满天下!

下面请亲朋好友赠送喜联和镜屏。贺乔迁喜联：×× 贤弟乔迁之喜，喜临华堂佳气缭绕百事顺，乐住新屋阳光普照万代昌。

……

朋友们，从我们刚才宣读的喜联中可以看到今天不但是朋友聚集，还是群英聚会，这一件件礼物，充满着文化气息。

下面，请来宾祝辞。(略)

燕喜新居春正暖，莺适乔木日出长。让我们奏起欢快的乐曲，让我们举杯共饮，共同祝愿友谊长青，干杯!

春天乔迁祝辞

尊敬的各位来宾，女士们、先生们：

大家早上好!

莺迁乔木，燕舞春风，福临喜地，春满华堂。成熟伴随着喜悦，收获带来了吉祥！在这喜庆的日子里，我们欢聚在此，共同庆祝 ×× 先生与 ×× 女士喜迁新居。首先，请允许我代表各位来宾恭祝他们乔迁之喜！同时我代表东道主夫妇，对光临贺喜的来宾，表示衷心的感谢和热烈的欢迎!

×× 先生和 ×× 女士，在工作上拼搏进取，积极向上；在生活上辛勤劳作，勤俭持家，日子过得红红火火，令人羡慕和尊敬。他们能取得今天的好成绩，与在座各位的大力支持是分不开的，他们委托我对各位的支持和帮助表示衷心的感谢!

人逢喜事精神爽，喜迁新居的二位，看到有这么多来宾捧场祝贺，喜在心里，笑在脸上，乐得嘴都合不拢了。千言万语，万语千言，汇成一句话，不知说啥好！所以夫妇俩决定唱着说，给大家唱一首《今天是个好日子》，大家掌声欢迎！

（夫妇二人合唱，略）

夫妇二人唱得非常好，其实二人说得比唱得更好。下面，请东道主发表热情洋溢的讲话！大家掌声欢迎！

（东道主讲话，略）

各位亲友，各位来宾，让我们高举金杯，开怀畅饮，共同祝愿明天更美好！同时祝各位来宾身体健康，工作顺利，万事如意，前程似锦！干杯！

夏天乔迁祝辞

尊敬的女士们、先生们：

大家晚上好！

喜雨宅得润，霞飞门呈祥。

今天是 ×× 先生与他的爱人 ×× 女士乔迁新居的大喜日子。首先，我代表他们夫妇二人，对今天所有的光临宴会的来宾朋友表示热烈的欢迎和衷心的感谢！

大家都知道，×× 先生是我们 ×× 厂的厂长，大家也都非常熟悉他，他性格憨厚朴实、为人谦和热情，工作能力强，事业心强，人缘极好！而他的爱人 ×× 女士，不仅人长得漂亮，而且是一位名副其实的女强人！无论是生活上，还是工作上，二人都是夫唱妇随、配合默契！二位经过十几年来的辛勤耕耘、合力打拼，日子过得红红火火！

今天他们夫妇二人在我市的 ×× 小区的 ×× 区购得一幢面积 ×× 多平方米的漂亮新房。在此，让我们以热烈的掌声恭贺他们乔迁之喜！同时祝福他们事业如日中天，生意兴旺发达，日子越过越红火！

此刻，他们夫妇二人特别激动，面对多年来一直关心、支持、帮助过他们的同事、朋友、战友，有许多感激的话要对大家讲，让我们以热烈的掌声请 ×× 同志说几句心里话……

（讲话，略）

宅起祥云托北斗，楼升瑞气映今朝。

朋友们，今天的 ×× 酒楼圣友如云、高朋满座！你们的到来，让这里蓬荜生辉！为了表达这份深情厚谊，×× 夫妇为大家准好丰盛的酒宴，在开席之前，我也借花献佛，祝愿所有来宾，家庭幸福，身体健康，万事如意！开席！

秋天乔迁祝辞

各位来宾，女士们、先生们：

大家好！

菊开五福地，霜染一叶秋。

今天我们在这里欢聚一堂，共同祝贺 ××、×× 夫妇乔迁新居之庆，承蒙各位来宾的深情厚谊，我首先代表 ×× 先生与 ×× 女士对各位的到来表示热烈的欢迎和衷心的感谢！

××、×× 夫妇勤奋工作，勤俭持家，如今事业有成，家庭美满幸福。我在这里也要代表 ×× 大酒店和各位来宾，向夫妇乔迁新居表示衷心祝贺！

各位来宾，让我们举起手中的酒杯，祝 ×× 先生华构盛辉福满门，新居焕彩喜盈门。

冬天乔迁祝辞

各位来宾、各位朋友：

大家好！

喜讯悄入户，金鸡早叩门。

院内红梅戏飞雪，门前翠柳舞春风。

×× 先生喜迁新居，各位来宾在这 ×× 大酒楼“岁寒三友添新色，春风满堂聚德光”。让我们向 ×× 先生全家表示热烈的祝贺！

各位来宾，在这严冬季节喜迁新居，虽然檐垂寒意，却也恰逢梅吐奇香。

迁宅吉祥日，安居福运时。门对青山庭铺瑞雪，屋临绿水窗横腊梅。

住五楼门添百福，处四邻户纳千祥。

松茂竹苞及时而秀，兰馨桂馥迁地为良。

祥云欣绕室，瑞气喜临门。

家富人喜顺如流水，时言乐笑穆若春风。我们祝贺 ×× 先生乔迁新居！地无寒舍春常在，居有芳林德不孤。和平宅吉人昌盛，贤德居安物阜兴。我们也祝贺前来道贺的各位嘉宾，贺乔迁吉祥如意，沾喜气丰盈八方！让我们共同举杯，为 ×× 先生乔迁贺喜：今冬如春江山吐秀，生财有道栋宇增辉。光耀丹楹喜占旺相，诗赓白雪先得阳春。

祝各位来宾财源如海，万事如意，锦上添花，干杯！

旅游常用迎宾辞

公园迎宾辞

尊敬的先生们，漂亮的女士们，亲爱的各位游客：

××公园热情欢迎各位的到来！游客是上帝，开心是主旨，我们愿与上帝同乐。

××公园位于××山脉××山上，是省级风景名胜、国家A级旅游区，距市中心×公里，面积××亩。

××公园融自然风光、人文景观和现代游乐于一体，以淳朴的湖畔风光、浓厚的历史遗存、种类丰富的动植物资源和惊险刺激的游乐设施，吸引着来自四面八方的游客。它是古代文化和现代文明交相辉映的著名旅游胜地。

公园建有××地区一流的动物观赏区，分别有猛兽散养区、食草动物区、水禽湖。狮、虎、熊、豹、狼、梅花鹿、斑马、骆驼等开放式散养。园中精致优雅，小桥流水，植物点缀，自然、朴实，给游人回归自然之感。

中部建有猴、鸟及日本锦鲤观赏区和大型水禽观赏区：大雁、鸳鸯、墨天鹅、白天鹅等。××表演馆正在建设中，×月份将对外开放。

环岛建有×平方千米的滨河风光带，中国最古老的××风光尽收眼底，有随季节显示不同特征的植物林带，环岛建有各类花卉观赏区，春有茱萸、春梅、桃花、樱花、牡丹、芍药琼花吐奇艳；夏有荷花、紫薇、茉莉、月季竞芬芳；秋有桂花、红枫红满天；冬有腊梅傲霜雪。

最受都市年轻人喜爱的游乐项目设施散布全岛，首先是水上快艇、划船、垂钓中心、跑马场、情侣自行车；卡丁车、碰碰车、空中飞椅、原始乐园紧随其后；植物迷宫、现代都市人素质拓展训练营地——攀岩、天梯、空中断桥等也随时欢迎您的到来；野炊烧烤让您在愉情赏景之际尽情享受美食文化。

××公园将以最优质的服务，热忱欢迎广大游客的到来！

饭店迎宾辞

尊贵的先生们，贤惠的女士们：

欢迎各位入住××饭店。在这美好的季节，在这喜气洋洋的日子里，我们相逢在××，我代表饭店全体员工衷心祝愿您在我店下榻期间满意、惬意、事事如意！

我店是国内外享有盛名的文化型酒店，在打造我店文化品牌过程中，曾得到过很多新闻界朋友的指导和帮助。××饭店能有今天的发展，与新闻界朋友的帮助是分不开的。在此，请允许我对你们致以诚挚的谢意！

这次××会的召开，为××又一次提供了机会，全店决心团结一致，全心全意做好这次大会的服务接待工作。同时，我们也诚恳地希望您对饭店的服务提出宝贵意见。

为接待××会的记者团，我们特别在×楼××厅准备了一份文化套餐。××会期间，新闻记者凭采访证可在×楼文化中心享受六折优惠；茶艺园、英语沙龙，免费为记者朋友提供会客服务；网吧可提供上网查询和传递电子稿的服务；网站，专门为记者朋友开通了××会的专题栏目，为记者朋友提供历次××会的相关资料；书吧，为记者朋友准备了专题书架，提供图书、杂志和报刊服务，记者朋友可以随时查阅××、××等有关书籍；影院还可以随时放映影片和电视录像。

饭店的每个客房都提供宽带上网，各位记者朋友在房间就可以上网浏览××会的详情。为了方便记者团了解××会，我们在每间客房配备了一本书——《××情调》、一份刊——《××开卷》、一张报——《××文摘》。这些都是我们饭店自己编选的，免费赠送给住店记者朋友，希望各位记者朋友能够喜欢并提出宝贵意见。

×× 饭店竭诚欢迎各位的到来，任何事情，您都可以拨打二十四小时服务热线 ××！

酒楼迎宾辞

（背景音乐：《迎宾舞曲》）

尊敬的各位来宾，女士们、先生们：

大家好！

相约 ××，友谊永恒。

相约 ××，幸福长存。

首先，感谢各位在百忙之中来到 ×× 山庄酒楼做客，你们的到来，使我们 ×× 山庄酒楼蓬荜生辉。

相聚 ××，我们愿意成为您忠实的朋友，愿我们用心灵进行最真诚的对话，用情感交流，用灵魂的笔锋抒写人生华美的乐章，共舞一曲舒展生命的华尔兹。

×× 山庄酒楼约有 ×× 平方米，地处 ×× 市黄金地段，承接各种宴席，并推出各种特色菜品。

亲爱的朋友们，让我们珍惜这次相聚的缘分。更希望从今以后，我们能成为一生的朋友。×× 山庄酒楼全体员工郑重承诺：我们将以饱满的热情、优质的服务、一流的菜品、真诚的微笑，欢迎您和您的朋友常来 ×× 山庄酒楼做客，请记住我们的宗旨：

宁愿一人吃千次，

不愿千人吃一次。

高是我们的质量，

低是我们的价格，

永远不变的是我们对您的承诺。

××山庄酒楼全体员工祝大家每天都开心，每分都快乐，每秒都能感受××山庄酒楼给大家带来的幸福！

茶座迎宾辞

亲爱的朋友们：

欢迎来到××茶座！这里是一个小小的驿站，帮您摆脱寂寞；这里是一个聚会场所，让您呼朋引伴，聆听好友的诉说；这里是浅唱低吟的小天地，能让您在不经意间感到快乐。

生活分分秒秒无闲时，为名忙，为利忙，不如忙里偷闲，吃杯酒去；人生十有八九不如意，失意愁，失恋愁，不妨愁中找乐，端碗茶来。

垒起七星灶，铜壶煮三江；摆开八仙桌，招待四海客。相逢开口笑，过后不思量。

××茶座欢迎您的到来！

相见即是缘，我们的祝福将永远伴随您，愿您一生平安快乐！

天下几人闲，问杯茗待谁，消磨半日。

云中双蕊舞，道片羽随风，此时清闲。

宾馆迎宾辞

各位嘉宾，女士们、先生们：

大家好！

红果满山，笑颜亦向无钱客；诚心一片，美酒常惠有缘人。

××宾馆毗邻××公园，环境幽雅，是××市×星级定点涉外饭店，您在闲暇之余可徒步走进公园观赏优美的风景。

宾馆地处××市高科技园区的中心地带，交通便利，××条公交路线及新建城市轻轨从宾馆旁经过，从宾馆驱车十几分钟可达闻名于世的××风景区和××山庄，那里是度假旅游及举办各种会议和学术交流的最佳场所。

宾馆设有双人标准间、双人套间、单人间及写字间共计 ×× 套。室内外装饰讲究、温馨舒适，备有现代家具、彩电、空调及完善的通信设备和消防报警系统，客房内通过分机电话可接入宽带网，便捷的通信服务让您感觉把办公室“随身携带”。

宾馆餐厅可容纳 ×× 人同时就餐，提供多个菜系的精品菜肴，有 ×× 烤鸭、涮羊肉、肥牛火锅等风味餐。宾馆还设有茶苑、购物商店、商务中心及大小会议室，有可容纳 ×× 人开会的多功能厅，停车场在宾馆右侧。

我们将以优质的服务、优惠的价格，欢迎社会各界宾客光临。

下榻之地，笑迎八方客；圆满之家，喜送四面福。

亲爱的朋友们，愿这里给你们带来美丽难忘的时光。

祝你们旅游愉快！

商厦迎宾辞

亲爱的顾客朋友们：

早上好！

经营有术不在店堂大小，童叟无欺全凭物美价廉。

×× 商厦全体员工热烈欢迎您的光临，并向您致以亲切的问候和崇高的敬意！

俗话说，一天之计在于晨，感谢您把这一天中最美好的时光留在 ×× 商厦。

无论您是谁，无论您来自哪里，只要您步入“××”，您就是我们的朋友，您就是我们的“上帝”，我们都将竭诚为您服务，为您献上我们的真诚和微笑。

为了更好地为您服务，当您工作繁忙或因其他原因无法光临 ×× 商厦时，您只需拨打一次电话，我们将按照您的吩咐，把温暖送到您的家里。

精美齐全销售春夏秋冬之货，热情周到笑迎东西南北之客。

女士们、先生们，亲爱的顾客朋友们，再一次感谢你们把最美好的时光留在 ×× 商厦。祝大家购物愉快，满载而归！

导游迎宾辞

各位游客朋友：

大家好！

很高兴能在这个阳光灿烂的早晨与大家相会在这里。和大家一见面，我就感觉到了大家热情的目光，我先自我介绍一下，我叫 ××，大家喊我小 × 就行。新年刚过，我在这里给大家拜个晚年，祝大家在新的一年里，事业上春风得意，生活上福泰安康！

别看我个子不高，我为大家尽心尽力服务的决心可不小，所以，在您的旅途过程中，如果有什么需要我帮忙的地方——无论分内还是分外，只要我力所能及，一定竭尽全力为您服务——用北京话讲就是："有事您说话！"

新年伊始，"华北瑞雪冬麦旺，江淮梅雨稻谷香，丰收在望；桂林山水甲天下，九寨美景冠人间，伟哉华夏；天涯海角隆冬暖，青藏高原盛夏寒，景观各异。"面对名胜风景图，谁不心动？大家出来玩就是图个开心！

我们今天就要来一次快乐旅游！这您该问了，我们出来旅游，自然就是为了开心快乐，这个快乐旅游应该怎么理解呢？其实这不一样，快乐，首先应该从自己做起。为什么这么说呢？快乐主要是一个心态问题，说白了就是自己给自己充电——本来只有一点点开心的事情，咱们自己给它扩充为一百个开心的理由，比方说——我给您讲了一个小笑话，本来您只想微微一笑——不行！如果您不是孕妇，请您哈哈大笑！为什么，这一来是对您自己有好处：笑一笑，十年少。人每次开怀大笑的时候，会活动面部 97 块肌肉，能有效地减少皱纹的堆积。无形之中，您就年轻了，对您有好处！二来对我们导游也有好处，您这么捧我们的场，这么支持我们的工作，比您给我们小费都让我们高兴，您说是不是？我再举个例子，好比说您想夸我两句，说我小伙挺精神的，您别随便一说就完了——您得这样——哇，靓仔啊！您只要这么一说——我马上就跟打了兴奋剂似的，为您赴汤蹈火，在所不辞！

听我说了这么多，您该说了——行了小 ×，以后我们有什么事情就找你了。其实，也不是这样，我得把我们的分工和大家说一下。我是“段陪”，您在××旅游的全过程中，都是由我陪同的，我就好像在旅游过程中的保姆，要说真正的管事的，还得是我们的“地陪”——小×，哦，您说了，敢情你说这么热闹，不是你最重要啊？那你先上来说个什么劲？这我还得先说明一下，为什么我先上来说呢？大家也看到了，我们的“地陪”导游×小姐长得这么漂亮，大家肯定喜欢她多一点，人家本来就占人和，所以我就抢了一个天时，用我们东北小品演员黄宏的话讲：甭管讲得多差，先混个脸熟。

好了，说了这么多，不耽误大家时间了，总之，我们一定竭尽全力，千方百计奉陪您游到山重水复疑无路。提前祝大家旅途愉快！

渔民文化节迎宾辞

尊敬的各位领导，各位来宾，女士们、先生们：

有朋自远方来，不亦说乎。

此时此刻，我和大家一样感到十分高兴。我们来自五湖四海，欢聚在这第一缕阳光升起的地方，一起倾听赶海的渔鼓，一起遥望茫茫沧海，一起感受欢乐的气氛。

第×届××渔民文化节在县委、县政府领导的关心支持下，在县属各有关部门的大力配合下，在广大渔民群众的广泛参与下，即将隆重开幕。在此，我谨代表县委、县政府对第×届××渔民文化节的举办表示衷心的祝贺，向参与本届渔民文化节并付出辛勤工作的组委会、县属各部门、各单位的同志们和渔民兄弟姐妹们表示真诚的感谢，并希望通过你们向全县广大的渔民兄弟姐妹们表示最深切的问候！

这是一次承前启后、继往开来的盛会，各位的厚爱和参与将为这次盛会锦上添花。

渔民，一个朴实而具有代表性的名词，一个勤劳勇敢的群体，是你们用双手建设了美丽的××，是你们用智慧创造了源源不断的财富，是你们用辛勤的汗水灌溉了这片蓝色的土地，是你们用不懈的努力创造了灿烂的海洋文化。

“万里碧波千帆尽，乘风破浪戏鱼龙”是你们不平凡的人生历程。辽阔的大海是你们事业的舞台，你们永远是这个舞台的主角，你们演奏了一曲曲粗犷有力的海洋赞歌，为 ×× 社会经济的腾飞吹响了号角！

当前，渔业资源不断衰退，提高渔民收入和生活质量是我们义不容辞的任务，让渔民群众能够安居乐业，需要我们想尽一切办法加以引导和帮助。今天，我们在这里讴歌海洋，欢庆渔民的节日，是我们亲近海洋、感受渔民生活气息的方式，也是我们努力实践“三个代表”重要思想的体现。我们要以新的方式、新的思路，发扬渔民闯海精神，使渔民文化在广大渔村群众中遍地开花，向全社会展示渔民、渔村特有的文化风采。

希望本次渔民文化节能成为地方旅游、商贸等领域的一大特色，推动休闲渔业的进一步发展。

新时代会有新气象，让我们在县委、县政府的正确领导下，带领广大渔民群众，为全面建设现代化港口旅游城市而不懈努力！愿本次渔民文化节给您留下深刻的印象，愿我们与 ×× 渔民的友谊天长地久！

名胜风景区迎宾辞

尊贵的先生们，贤惠的女士们：

大家好！

在 ×× 的东部镶嵌着一片以人与自然和谐共处而著称的绿色屏障，它就是 ×× 风景名胜区，而 ×× 镇就位于 ×× 风景名胜区的东北部。×× 镇依山傍水，美丽而素有传奇色彩的 ×× 河流淌在这片净土之上，庄严肃穆的神农氏在这个古老的小镇上常年享受着人间的烟火，还有那别有洞天、曲径通幽、飞瀑挂险峰的 ×× 给 ×× 镇增加了不少的灵气。

物华天宝，人杰地灵。清肺润喉的 ×× 茶生长在 ×× 群山之中，香飘九霄云外，连神仙闻了也感叹：此茶只能 ×× 有，天上能得几回闻？此外，×× 镇的香菌木耳早已成为席上佳肴，游客来此必买。尽管随着旅游业的发展，×× 镇人民具备了一定的市场经济意识，知道如何用山里的特产和自己的劳动让自己富裕起来，过上好日子。但是他们那与生俱来的淳朴善良，对大山的爱，对故土的情是永恒不变的。

江南的 ×× 庄有水文化，塞北的小镇有粗犷的美。×× 镇有她独特的 ×× 文化、有野人文化，如果你到 ×× 坛去寻找，夜色中的篝火，豪壮的梆子鼓，粗犷的歌声都会让你感受到浓烈的原始文化。神农氏搭架采百药的传说源远流长，亘古不变；神奇的野人隐居深山之中，若有若无，令人神往。

作为 ×× 旅游第一镇的 ×× 镇，她并没有因为自己的优势而固步自封，相反，为了增加自己的知名度，×× 镇以 ×× 风景名胜区为依托对外加强宣传。近年来，到 ×× 镇旅游、度假、举行大型会议、科学考察、探险、拍摄电视电影等活动增多。这不仅是因为 ×× 镇的优美环境、交通便利的 ×× 国道纵穿而过，更为重要的是 ×× 镇对外的接待能力逐渐增强，日趋完善。据不完全统计，×× 镇境内拥有像国旅、中旅、青旅、大自然旅行社、×× 旅行社、×× 旅行社等 × 家具有一定规模的旅行社，能够满足不同类型游客的需求。在住宿方面，×× 镇拥有大中小型的宾馆招待所上百家，它们大多依山傍水，环境幽雅，里面设施齐备，整洁卫生。其中的 ×× 山庄、×× 宾馆具有星级标准。一些度假村、农庄也是风雅别致，让人流连忘返。在吃的方面，更是丰富多彩，你可以吃上滋补养人的 ××、清爽润口的 ××、晶莹夺目的 ×× 等美味佳肴。

美哉，×× 镇！壮哉，×× 风景名胜区！作为 ×× 风景名胜区的集大成者，×× 镇正以更宽广的胸怀笑迎八方游客的到来。

就 职

总经理就职祝酒辞

各位朋友：

大家好！

我是 ××，从 × 月 × 日开始就任 ×× 有限公司总经理。

我们公司是 ×× 型企业，长期以来，它一直以及时为顾客提供质优价廉的 ×× 为宗旨。但遗憾的是，到目前为止，我们公司尚未建成能实现这种使命的坚实基盘。作为总经理，我将进一步加强经营管理，不断发展壮大我们的公司，并继续为客户及时提供价格低廉、品质优良的 ××，使之在今后更加激烈的市场竞争中脱颖而出。为实现这一目标，我也将重新整合、加强公司内部各种组织结构和制度建设。

因此，为了我们共同的目标，我希望各位干部平时能成为员工学习的典范，发挥模范带头作用，更加自觉自律，名副其实地尽职尽责。

……

希望大家能身怀 ×× 人的骄傲与觉悟，以“通过自我磨炼实现个人成长”的意识努力工作。

营造和谐愉快、干劲十足的职场氛围是大家的共同愿望。相互尊重，不断交流，让我们的职场一天更比一天好！

我敬大家一杯，非常期待与诸位一起工作，同时对各位表示衷心的感谢，真诚地希望大家对我的工作给予更多的支持和帮助。让我们共同努力吧！

谢谢大家！

办公室主任就职祝酒辞

尊敬的各位领导：

今天，会议审议通过了我担任县政府办公室主任的提请，在此，我向大家表示衷心的感谢！感谢各位领导长期以来对我的信任、支持和厚爱。

我深知办公室主任这一职务，不仅是一份责任，更是一份义务。因此，在工作中，我一定勤奋敬业、恪尽职守，用优异的工作业绩来报答党的关怀、代表的信任和人民的重托。

……

堂堂正正做人，勤勤恳恳干事，是我恪守的行动准则。我将严格遵守关于廉政建设的有关规定，坚持“自重、自省、自警、自励”，永葆共产党员的先进性。在严于律己的同时，我还要宽以待人，与班子成员多沟通、多商量、多交心，依靠集体的智慧和力量，全力开创办公室工作的新局面。在以后的工作中，我将用我满腔的热忱，回报组织的厚爱、人民的信任，为××的加快发展贡献出自己的一份力量。

最后，祝愿大家事业顺利，身体健康，万事如意！干杯！

公安局局长就职祝酒辞

同志们：

今天，我能成为××局中的一员，心里感到特别高兴。××局是一个有素质、有能力、有战斗力的群体，是一个讲团结、讲大局、讲奉献的群体，能和大家一起工作更是我的荣幸。

我非常感谢组织对我的信任，这将成为我奋发向上、努力工作的动力。我将竭尽全力，认真履行职责，按照市委领导跟我谈话时提出的要求和希望，努力把全市公安工作做好，不辜负市委和全区人民的重托。

……

公安事业是一项崇高的事业。从一名行政岗位来到公安局工作，对我来说领域崭新、跨度很大、压力不小。因为目前我对公安工作的业务不熟悉，对公安机关的人员也不熟悉。另外，在这五年里，以 ×× 同志为局长的全体民警为 ×× 的公安工作打下了很好的基础，所以我这一任的起点、要求就更高了，压力也非常大。

我深知这个岗位的责任重大，我殷切地期望得到本局全体同志的支持和帮助。我一定牢记肩上所担负的历史使命，坦诚做人、清白做官，向党和人民交出一份合格的答卷。

在此，祝愿所有的来宾朋友阖家欢乐，幸福安康，事业进步，万事顺达！干杯！

谢谢大家！

文化体育局局长就职祝酒辞

尊敬的各位领导：

大家好！

对于我来说，今天是个特别值得庆贺的日子。根据市领导的审核，我将继续留任 ×× 市文化体育局局长，在此，我向各位领导表示衷心的感谢和诚挚的祝福！

文化体育局主要职责是管理我市文化、体育、新闻出版、文物博物四方面工作，它们都是社会主义先进文化的重要组成部分。我对文化工作的理解可以概括为四个字——“文化化人”，工作对象是人，最终目的是提高人的素质，工作进程是润物细无声地潜移默化。

……

这次的留任，不仅是领导组织对我个人的信任，也是对我个人能力的一种肯定。在日后的工作中，我一定竭尽全力，创造出更多更好的业绩来。

最后，祝愿大家身体健康、工作顺利、阖家幸福！干杯！

新校长就职祝酒辞

尊敬的各位领导、各位教师：

大家晚上好！

我衷心地感谢县教委、镇党委、政府和教办对我的信任与培养，感谢各位老师对我的关爱和支持，尤其是前任校长，他的艰辛努力为学校的今后发展奠定了坚实的基础。在此，我向各位表示衷心的感谢！

作为一名 ×× 学校校长，我深知自己的政治素质、文化底蕴、学科知识、决策能力、服务精神都还需要进一步提高。为此，我会更加努力，更好地为大家服务。

……

最后，我想用一位先哲的诗来形容我的心情与愿望，那就是“智山慧海传真火，愿随前薪作后薪”。

祝愿大家身体健康、阖家幸福！

医院领导就职祝酒辞

尊敬的各位领导、同志们：

大家好！

根据组织安排，我到咱们市立医院主持工作。对我来说，这是莫大的荣幸。同时，我也深知肩上担子的分量和责任的重大。

作为全市医疗机构的龙头，多年来，在市委、市政府的正确领导下，在历届领导班子打下的坚实基础上，我们医院无论是整体外观形象还是内部建设，无论是基础设施改善还是医疗水平提高，无论是学科建设还是医德医风树立，各方面都有了长足进步。

……

今后，让我们大家共勉，使医院的工作迈上新的台阶。

最后，为大家身体健康、工作顺利、生活幸福，干杯！

县委书记就职祝酒辞

同志们：

今天，市委将我安排到 ×× 县委书记这一重要岗位上来，我十分感谢市委、市政府对我的信任，同时我也深感责任重大。临危受命，如临深渊，如履薄冰。

但我深信有市委、市政府的正确领导，有县委一班人和人大、政协、县人武部等几家班子的支持和配合，有全县各级干部和广大群众的齐心协力，我对做好 ×× 的工作充满信心。

……

作为县委书记，我将义无反顾、竭尽全力做好工作，不辜负市委的重托，不辜负 ×× 人民的期望，与全县人民同甘共苦、艰苦创业、励精图治，不断推进 ×× 的改革开放和现代化建设事业。

同时，我也真诚地希望在座的各位在今后的工作中给予我大力的支持和帮助。

同志们，×× 的事业要靠全县人民，特别是在座的各位去奋斗，×× 的稳定要靠我们去维护，×× 美好的明天要靠我们共同去创造、去努力。只要我们同心同德、通力合作、振奋精神、真抓实干，有市委市政府的正确领导，有全县人民的大力支持，就一定会克服暂时的困难，×× 的明天必将更加美好！

最后，我提议，让我们共同端起酒杯，为在座各位的身体健康、工作顺利，为 ×× 的经济发展与社会进步，拥有更加美好的明天，干杯！

谢谢大家！

联谊会会长就职祝酒辞

尊敬的各位领导、各位理事、会员们：

大家晚上好！

非常感谢大家对我的信任和支持，推选我担任 ×× 县外来人才联谊会第一届理事会会长。对于这一殊荣，我备感荣幸，同时也深感责任重大。从各位殷殷的目光中，我看到的是大家的期望与重托。

为此，在任职期间，我将与理事会全体成员一起，按照联谊会的章程规定，尽心尽力开展工作，努力向全体会员交出一份满意的答卷。

作为一名外来者，我到 ×× 已经有 18 年，期间我亲历了 ×× 经济社会所发生的巨大变化，这里所有的成就都让我备感自豪，也让我对 ×× 的发展越来越有信心。与此同时，在这里外来人员也找到了充分施展自己才华的舞台，可以说，这次我们联谊会的成立就是展示个人才华和能力的机会。

……

作为会长，我必定以身作则，为联谊会的发展全力以赴。说到不如做到，请大家看我的实际行动吧！

最后，祝愿我们的联谊会事业兴旺！祝大家身体健康、万事如意！干杯！

常用其他喜事庆典主持辞及致辞名句

骏业肇兴　　万商云集　　货财恒足　　陶朱媲美

骏业日新　　骏业崇隆　　大展宏图　　多财善贾

良禽择木　　乔木莺声　　莺迁吐吉　　德必有邻

高第莺迁　　莺迁乔木　　新居落成　　乔迁志庆

青春是一笔宝贵的财富，失去了就永远追不回来。

激情是一把难得的金钥匙，有了它幸福之门就为你打开。

追溯历史，中华民族英雄辈出。

望眼今朝，炎黄子孙奋发图强。

“春蚕到死丝方尽，蜡炬成灰泪始干”是说教师的品德。

“太阳底下最光辉的事业”是说教师的荣耀。

“十年树木，百年树人”是说教师的艰辛。

雄关漫道真如铁，而今迈步从头越。

几度风雨，几度春秋，多少激情燃烧的岁月，多少酣畅淋漓的欢笑。

学习雄鹰展双翅，不畏风雨斗艰险。

祝你所有的希望都能如愿，所有的梦想都能实现，所有的期待都能出现，所有的付出都能兑现。

热情的六月，我们将带着恩师的叮咛，怀着必胜的信心，迎接高考的洗礼。

绚烂的七月，我们将载着母校的祝福，带着亲人的嘱托，起航新的征程。

青青校树，萋萋庭草，欣霑化雨如膏。

笔砚相亲，晨昏欢笑，奈何离别今朝。

世路多歧，人海辽阔，扬帆待发清晓。

诲我谆谆，南针在抱，仰瞻师道山高。

在 × 大，你们脚踏实地，扎实苦干，培养了严谨的治学态度。

在 × 大，你们博览群书，苦练内功，学到了扎实的专业知识。

在 × 大，你们勤于实践，勇于创新，形成了丰富的远见卓识。

在 × 大，你们以诚相待，陶冶情操，悟出了踏实的做人道理。

昨日我们洒一路欢歌风雨同舟，今日我们静候佳音共饮成功酒。

华堂锦乡江山添异彩，甲第祥和通知乐重光。

凭天时，创业正历改革日；

合地利，迁居又逢泰运时。

宏图绘展改旧貌，宇域平添换新颜。

玉槛梧桐春浩荡，凤凰翔集；

紫砂龙井气氤氲，宾客去来。

玉盏漾香茗，有客再来欣主雅；

春风生台阁，开樽一醉说情长。

重重叠叠山，曲曲环环路；

叮叮咚咚泉，高高低低树。

不耻下问，滴水终成瀚海；

仰之弥高，顽石可触慈云。

说甚风景区，也无非土瓦泥墙，木桥石径；

是真游玩者，多醉在农家淳朴，山水浑然。

一壑溪晕迷石径，谁人笑语落槐花。

望江楼，望江流，望江楼上望江流，江楼千古，江流千古；

印月井，印月影，印月井中印月影，月井万年，月影万年。

有无畏胸襟，方得见千山树海；

达最高境界，自可登五彩花池。

佛脚清泉，飘飘飘飘飘下两条玉带；

源头活水，冒冒冒冒冒出一串斟酌。

鱼戏天边云隐迹，鸟游石底水无痕。

鸡鸣天下生紫瑞，起舞人间沐春晖。

千淘万漉虽辛苦，吹尽狂沙始到金。

感恩，使人心境平和；

感恩，使人感到幸福；

感恩，使生活充满希望。

岁月如梭地变迁，不变的是公司与广大员工的携手开拓。

让我们在新的一年里张开腾飞的翅膀，向着更高的目标飞翔。

回首过去，我们热情洋溢，坚定现在，我们激情澎湃，展望未来，我们斗志昂扬。

有了春天的雨露，大地就会绽放鲜艳的花朵。

有了阳光的普照，生命就会弹奏动人的乐章。

有朋自远方来，不亦说乎。

山不在高，有仙则名。水不在深，有龙则灵。

精美齐全销春夏秋冬之货，热情周到迎东南西北之客。

经营有术不在殿堂大与小，贸易无欺全凭货物美又真。

上下五千年，太平盛世欣今日，听钟鼓齐鸣，八方同饮庆功酒。

纵横九万里，就修中华创未来，看龙狮劲舞，四海共唱发展歌。

神光照临聿新栋宇，主爱覆庇高筑华堂。

信宅宏开肯堂肯构，恩家作颂仁爱仁慈。

何须玉宇琼楼方称杰构，只要道门义宅便可安居。

深苑春光媚，重门瑞气浓。

云间树色千重翠，门外山光万叠青。

门前绿水声声笑，屋后青山步步春。

沧海桑田无限诗情画意，春风秋雨几多古往今来。

树雄心创伟业为江山添色，立壮志写春秋与日月增光。

一纸信笺，一份真情，一份信念，祝开业吉祥，大富启源！

阳光明媚，东风送情，喜迁新居，德昭邻壑，才震四方！

“良辰安宅，吉日迁居”，幸福的生活靠勤劳的双手创造！

莺迁仁里，燕贺德邻，恭贺迁居之喜，室染秋香之气。

参考文献

[1] 韩毅峰 . 酒歌——祝酒辞大全 [M]. 北京：中国社会出版社，2005 年 .

[2] 张劲松 . 当代红白喜庆礼俗 [M]. 南昌：江西人民出版社，2003 年 .

[3] 傅桂禄 , 刘东青 , 孙雪松 . 红白喜事 [M]. 北京：知识出版社，2001 年 .

[4] 方显辉 . 红白喜事通用主持词及典型致词 [M]. 太原：山西出版集团、山西科学技术出版社，2006 年 .

[5] 中国公文网 . http：//www.gw76.com/.

[6] 126 范文网 . http：//www.ip126.com/.

[7] 中华司仪网 . http：//www.zh41.com/.

[8] 中国企管网 . http：//www.china-qg.com/.

[9] 中科软件园 . http：//www.4oa.com/.

[10] 石首共青团网 . http：//www.ssyouth.cn.

[11] 百合婚礼社区网 . http：//www.lilywed.cn/.

[12] 石家庄盛世天庆典礼仪中心 . http：//www.shengshitian.com/.

[13] 邯郸婚庆联盟网 . http：//www.hdhqlm.com/.

[14] 婚庆之家网 . http：//www.xici.net/b495265/d69209973.htm.

[15] 新浪博友博客 . http：//blog.sina.com.cn/.

[16] 百度贴吧 . http：//tieba.baidu.com/.

[17] 百度空间 . http：//hi.baidu.com/.

[18] 湘教在线 . http：//www.xj-zx.com/.

[19] 搜狐女人频道．http：//women.sohu.com/.
[20] 免费范文网．http：//www.qc99.com/.
[21] 230 公务员网．http：//www.230gw.com/.
[22] 网易新闻中心．http：//news.163.com/.
[23] 安徽学子网．http：//www.hao810.com/.
[24] 我的范文网．http：//www.myfanwen.com/.
[25] 育儿网．http：//www.chinababy365.com.
[26] 金坛市第一中学网．http：//www.jtyz.cn.
[27] 百业网．http：//www.100ye.com/.
[28] 爱问知识人．http：//iask.sina.com.cn/.
[29] 易商中国．http：//www.esun.cc/.
[30] 搜搜问问．http：//wenwen.soso.com/.
[31] 莲山课件．http：//www.5ykj.com/.
[32] 亿库教育网．http：//www.eku.cc/.
[33] 范文开心人．http：//www.kxren.com/.
[34] 公文大全．http：//www.gwdq.com/.
[35] 国浩律师集团事务所网．http：//www.grandall.com.cn/.
[36] 搜狐社区．http：//club.sohu.com/.
[37] 文学博客网．http：//blog.readnovel.com/.
[38] 天骄文秘网．http：//www.tingko.com/.
[39] 范文中国．http：//www.fanwen.cn.com/.
[40] 西部在线．http：//www.xbol.net/.
[41] 纪念网．http：//www.sooday.com/.
[42] 人民网．http：//www.people.com.cn/.
[43] 好文档 1860. http：//www.88-888.com/MianFei/www_hw1860_com.htm.
[44] 天水在线．http：//www.tianshui.com.cn/.
[45] 汇业天下．http：//www.huir.net/.
[46] 公文易文秘资源网．http：//www.govyi.com/.

[47] 文书文秘网．http：//www.5151doc.com.

[48] 滁州共青团．http：//www.czqn.org.cn/.

[49] 贵港教师网．http：//www.ggjs.net/.

[50] 宕昌县人民政府．http：//www.tanchang.gov.cn/.

[51] 天天加油网．http：//www.ttadd.com/.

[52] 导游网．http：//www.17u.net/guide/.

[53] 城市晚报．http：//cswbszb.chinajilin.com.cn/.

[54] 江苏省苏北医院．http：//www.yzsbh.com/.

[55] 中国 51 在线．http：//www.51lun-wen.cn/.

[56] 中国教育文摘．http：//www.18368.com/.

[57] 中国课件站．http：//www.cnkjz.com/.

[58] 好老师资源网．http：//www.h910.com/.

[59] 文登市小观中学网站．http：//xgzx.whedu21.com/Index.asp.

[60] 中国家纺网．http：//www.hometexnet.com/.